しずめ方

土井高徳
Takanori Doi

小学館新書

はじめに　子どもは切ないほど親を慕っています

子どもの健やかな成長と発達を願わない親はいません。「どうか無事に、元気に育ってほしい」――この祈りにも似た願いと果たすべき責任は、親だけではなく、社会全体が共有するべき課題だと私は思います。

じつは、海外では社会全体で育児に取り組んでいる例が少なくありません。というのも、未来を担う子どもたちを育む「育児」とは、「未来への投資」だからです。子どもへの支援に躊躇《ちゅうちょ》する社会に、未来はありません。社会は、子どもの権利と彼らの最善の利益を率先して守るべきなのです。

とはいえ、子どもにとって養育者である親は、やはり特別な存在です。親が子どもに与える影響や、子どもにとって親という存在は、社会の支援者をはじめとする他人には、代わりたくても代われない特別な重みがあります。

私は、さまざまな家庭や施設から子どもを受け入れるファミリーホーム（里親ホーム）を運営しています。46年にわたって、さまざまな子どもたちと生活をともにしていますが、親元を離れてやってきた子どもが親を慕う気持ちには、じつに切ないものがあります。「あるがままの自分を受け止め、認めてほしい」という親に対する根源的な承認欲求を持ち、どのような父母であっても、切ないほど慕い、悲しいほど求めているのです。親の存在を忘れたようにふるまう子どもでも、その内面にはヒリヒリするほど熱い親への思慕を秘めていることを、私は長い里親生活で繰り返し痛感させられてきました。

たとえば、土井ホームで暮らすある子どものもとへ親が面会に訪れたとき、親が来ない子どもが「僕のお母さんはなんで来ないんだ」と3日間泣き通し、最後には40度近い熱を出して寝込んでしまったことがあります。同じように、正月やお盆に帰省する子どもを無言で眺める、帰る家がない子どもの寂しげな姿には毎年、胸を締め付けられる思いがします。

私が親御さんと面談する際に、これまでの子どもの成長記録を拝見することがあります。生まれたばかりの頃に撮った記念写真、何気ない親子のスナップ写真、入園や入学、運動会の際に撮られた動画……その1つひとつに、親子の情愛や喜びがあふれています。

この絆は、そう簡単に断ち切れるものではありません。たとえ今は関係性が悪く、一時的に離れて暮らさざるを得ないとしても、私は預かった子どもたちがいつかは親元に帰って家庭生活を再開できるように、できる限り親御さんとの連絡を取り続けてきました。

親子の問題を考えるとき、社会の支援者が子どもの潜在能力を引き出し、子どもに代わって彼らの権利を主張し、守るという観点は欠かせません。が、それと同時に、子どもと深い絆を持つ親や家族にも十分な心くばりが必要だと痛感します。

親の悩みの種は2つ

今から約5000年前、ピラミッドの建設に携わった人々が、ピラミッドの天井裏など人目に触れない場所に、「近頃の若者は」と書き込んでいた話は有名です。子どもの揺らぎと不安、親の葛藤や悩みは、じつは時代を超えて共通しています。

時代を超えて、親を悩ませる子どもの行動を大きく分けると、2つの方向に分類されます。1つは非行や少年犯罪といった「反社会」的な行動であり、もう1つは不登校や引きこもりに代表される「非社会」的な行動です。

非行・少年犯罪は、じつは年々減少傾向にあり、警察庁の「令和3年の犯罪情勢」によれば、令和2年の刑法犯少年の検挙人員は平成23年の4分の1以下にまで減っています。また、14歳未満で刑罰法令に触れる事件を起こした触法少年も、平成22年以降11年連続で減少。この傾向は土井ホームの門をくぐる子どもにも表れており、以前は多数を占めていた非行少年が少なくなってきたことを実感します。

一方、文部科学省の調査によれば、令和2年度の不登校の児童生徒（小・中学生）数は20万人に迫ろうとしています。土井ホームの門をくぐる子どもにも、不登校や引きこもりという例は少なくありません。直接家庭から来る子どもだけではなく、精神科病院や児童自立支援施設、児童心理治療施設などからやってくる子どもの多くは引きこもり経験を持っています。

とはいえ、こうした統計上の数がどうであろうと、親にとっては目の前の子どもがすべてです。自分の言うことを聞かない、いくら注意しても言動が良くならない……。そんなわが子を前にすると、どうしても平常心を保てず、怒りが収まらない。本書は、そんな「怒鳴り親」のお父さんやお母さん、学校の教師や児童福祉施設の指導員といった大人たちの役に立つことを願い執筆しました。

人と人との間で「人間」を育む社会へ

子どもの発達や育ちを促す出発点は、親子の「愛着」です。

「愛着」は、人生という川においても源流になるものです。親からの愛情を感じられずに育ち、「愛着」の問題がケアされないまま小学校に入った子どもは、その影響が「多動」となって表れます。「多動」には、先天的なタイプと後天的な環境要因による症状がありますが、いずれにしても集団教育が主流の日本では、小学校でつまずいた生徒は社会に適応しづらいと判断される傾向にあります。そしてそのまま思春期に入ると、あることをないようにしてしまうことが特徴である「解離」や「トラウマ」に悩むようになり、一部の子どもは「非行」の道へと流れてしまう——これが、土井ホームに来る子どもたちの人生の川の流れなのです。

こうした育ちのつまずきを抱えた子どもがそのまま大人になり、子どもを持つと、その子どももまた似たような育ちのつまずきを覚えて……と、悪循環に陥ります。

最近、公園や保育園、学校から聞こえる子どもの声を騒音ととらえて、苦情を申し立てる大人の声を聞きませんか。私は、子どもの声を聞いてうるさいと感じる大人がどのように育ってきたのかを考えずにはいられません。

日本は、家庭の育児に対する負担感が強い社会です。土井ホームに来る子どものお母さんの約3割は周産期にうつ病を発症していました。しかも、その原因の多くが、別れた夫や自身の親によるドメスティックバイオレンス（家庭内暴力）であり、その背景には家庭内における葛藤や対立を暴力によって対処する家庭文化がありました。

このような外傷体験を抱えるお母さんたちは、社会全体で支えていく必要があります。世界に目を向けると、ドイツには、「児童手当」の他に親たちに支給される「親手当」があります。フランスでは、未婚や既婚を問わず親支援に取り組んだ結果、少子化が止まり、出生率がV字回復を果たしました。このように、日本も社会全体で子ども支援・家庭支援、特に親支援に取り組むことが必要なのです。

私たちは個人で「人間」になるのではなく、個人を取り巻く人と人との間の「関係性」を含めて、はじめて「人間」になるのです。身近にいる親や大人、そして社会が変わると、子どもにも必ず大きな変化が起こります。

本書を通じて、子どもへの接し方、声のかけ方について理解が深まるとともに、対処する上で親自身の怒りの感情の統制、セルフコントロールの重要性について理解していただければ何よりです。そしてその取り組みが、結果としてより良い親子関係、人間関係という果実を生み出せるよう願っています。

※本文に登場する人物名はすべて仮名です。

怒鳴り親

目次

第1章

なぜ怒鳴ってしまうのか

あなただけではありません

育児は育自。親は子どもを通して、自分自身を育てています。そして、子育ては天気と似ているとも、よく思うのです。晴れているかと思えば、一転して嵐のような毎日が続くように、親としてこの上ない喜びもあれば、いつまで経っても解決できない悩みに日々頭を抱えることもあるからです。

たとえば、お子さんがなんでも「イヤ」と反発し始める「魔の2歳児」と呼ばれる時期。何度言っても言うことを聞かず、ギャン泣きするわが子を叱るけれども収まらない……疲れが頂点に達して泣きたくなったことはありませんか。また、昨日まで素直だったわが子が急によそよそしくなる「思春期」。理由もなく不機嫌そうな子どもの態度についい声を荒らげてしまったことはありませんか。

あなただけではありません。親なら誰にでも思い当たることです。「しまった」と反省しても、子どもの顔を見るとまた怒りがこみ上げて、繰り返し怒鳴り声をあげてしまう。そんな「怒鳴り親」になっていないか、次の項目をチェックしてみましょう。

（1）子どもの不機嫌な顔や声だけで気分が悪くなる
（2）子どもの言動にカチンとくる
（3）子どもの反発につい大人げない反論をしてしまう
（4）親を傷つける子どもが許せない
（5）親が傷ついた分だけ子どもも傷つくべきだ
（6）言うことを聞かない子どもに、高ぶった感情を抑えられない
（7）しつけのためなら、少しくらいは度を過ぎても許される
（8）子どもの言動につい怒鳴り声をあげてしまう
（9）体罰も、子どもが良くなるのなら許される
（10）子どもと激しく対立して衝突してしまう

いかがですか。１つや２つくらいなら当てまる項目があっても問題ないと思いますが、３つ以上当てはまる項目があると、あなたは立派な「怒鳴り親」です。

私が知っている実例をもとに、各項目について少し詳しく書いてみましょう。あなたにも思い当たる節があるかもしれません。

(1) 子どもの不機嫌な顔や声だけで気分が悪くなる

あなたが何を言っても、わが子はムスッとしたまま、返事をしません。ようやく口を開いても、「ウザッ」などと言い捨ててどこかへ行ってしまう……。人間関係は鏡ですから、子どもが不機嫌だと親にも自然と不機嫌な気持ちが伝染してくるものです。育児の大変さには子どもの成長という喜びがついてくるものですが、子どもへの嫌悪感が先に立ってしまうのですね。一度嫌悪感が湧いてしまうと、方向転換は容易ではありません。わが子をかわいいと思うのか、嫌悪感が先に立つのか。その違いは本当にわずかなのですが、このわずかな違いを放置して感情が食い違ったまま時間が経過すると、事態は悪化してしまいます。

（2）子どもの言動にカチンとくる

トラブルは忙しいときに限って起こりがちです。そして、忙しいときほど子どもの態度や行動にイライラが募り、カチン！　ときますよね。たとえば、仕事からクタクタになって家のドアを開けると、ゲーム機が乱雑に放置されていたら、どう感じるでしょうか。そして、片づけるように注意したあなたに、「自分だって片づけできてないじゃん」と反論されたら、どう思うでしょうか。忙しさや疲れがピークになっているあなたの立場を理解していない子どもの言動が癇《かん》に障って、怒りのスイッチが入りませんか。徐々に「怒鳴り親」の危険水域に近づいている証拠です。

（3）子どもの反発につい大人げない反論をしてしまう

子どもは家庭の裁判官。親の痛いところを突いてくるものです。たとえば、部屋を片づけながら子どもに「忙しいから少しは手伝ってよ」と言うと、「自分だって毎晩、長いことスマホで話しているじゃん」と追い打ちをかけてきたり。「大人はいいの！」「あなたはまだ子どもでしょう!?」――わが子から自分でも気に留めていなかった日頃の行動を批判されたとき、思わずそんな大人げない反論をしてしまったことはありませんか。子どもは親の言うことを素直に聞くべきだと思っているのではありませんか。

(4) 親を傷つける子どもが許せない

「クソババア」「クソオヤジ」。親に向かって容赦ない口を利く子どもに、平常心でいられる人は決して多くはないでしょう。高い授業料を払って通わせている塾や習い事を平気で休んだり、辞めると言い捨てたり。子どもが気づかないところで大変な思いをしながら育てているのに、当の本人は「そんなこと知ったことか！」「産んでくれと頼んだ覚えはない！」などと、平気であなたを傷つける言葉を投げつけてくる。親を傷つける子どもなんて言語道断、許せないと感じる人は多いのではないでしょうか。

(5) 親が傷ついた分だけ子どもも傷つくべきだ

人間は、自分が傷ついた分だけ相手も傷つくことを望んでしまいがちです。声をかけても無視をする。親の気持ちを踏みにじるような暴言を吐く。親への敬意を感じられないわが子に、「それならそれでいい。こっちにも考えがある」と言い放った覚えはありませんか。そして、ゲームを禁止する。お小遣いを渡さない。外出を禁止する。スマホを取り上げる……。子どもの刹那的な感情的行動に対して、その場しのぎの感情的行動で応戦し、子どもをやり込めようとした覚えはないでしょうか。子どもは自分の支配下にあると感じているので、何とかして屈服させなければ気が済まないのでしょう。こうなると親子関係はますます悪化し、こじれてしまいます。

(6) 言うことを聞かない子どもに、高ぶった感情を抑えられない

どんなに言い聞かせても、親の言いつけを守らなくなった。約束を平気で破るようになった。そんなわが子の態度に、噴き上がる怒りの感情を抑えられない場面は多々あります。怒りのはけ口が見つからないとき、身体は文字通り震えるほど興奮しています。そして、いくら「落ち着いて」と自分に言い聞かせても、もう無理。その怒りの感情を爆発させるように、まわりの物に当たってしまう、または暴飲暴食に走ることはありませんか。

（7）しつけのためなら、少しくらいは度を過ぎても許される

「あなたのためだから」「将来困らないように」という理由から、少々逸脱した行いも「しつけ」として許されるはずだと、自分に言い聞かせていませんか。しかし、それが本当に子どものための「しつけ」になっているかどうかは疑問です。子どもを親の言いなりにさせたいだけではありませんか。自分の言う通りに行動させていれば、何の問題もないのに……そう考えているのではありませんか。もしも、どんなに注意しても聞き入れないわが子に「言ってもわからない相手には、態度で示すしかない」と思うようになっていたら、親の愛情の深さと示される行為の間にズレが生じていると考えるべきです。

（8）子どもの言動につい怒鳴り声をあげてしまう

子どもの反抗的な態度にキレてしまう。心のブレーキが利かずに感情を爆発させて、怒鳴ってしまう。最初は冷静に話そうと心がけるのですが、話しているとついついエスカレートして、最後は必ず怒鳴り合いになってしまう。子どもが特別な悪さをしたわけではありません。学校や塾に間に合わせようと声をかけるなど、ごく日常的な場面で起

こるできごとです。感情のコントロールができなくなってエスカレートすると、ご近所さんが心配するほどの、ののしり合いや物の投げ合いになり、最後には警察や消防が駆けつける騒動に発展する可能性もあるので、注意が必要です。

(9) 体罰も、子どもが良くなるのなら許される

反抗的な視線を向けるわが子に、思わず手をあげた。長時間正座させて横で叱責し続けた。ベルトやゴルフクラブで殴った。ハサミを持って追いかけた……。しつけと称した子どもへの体罰のほんの一例です。最初はささいな注意から始まるのですが、最後は必ず興奮してしまって、気がつくと体罰や暴力に発展してしまうのです。文字通り、頭にカーッと血が上るわけですから、あなた自身の血圧も上昇し、自分で自分を抑えることができません。いちばんの問題は「これも子どものためだから」と、自分の行為を正当化しようとする思考回路です。

⑽ 子どもと激しく対立して衝突してしまう

わが子を叱責しているうちに子どもの顔色が変わって、立ち向かってきた。あなたも思わずつかみかかり、取っ組み合いになった。または暴言を吐き合うだけでは飽き足らず、身の回りの食器や雑貨を手あたり次第に投げつけたことはありませんか。特に親が体力や腕力に自信がある場合、最初から子どもの言い分に耳を貸さず、力でわが子をねじ伏せようとするケースが見られます。子どもも負けずに反撃してきますから、互いに加減を知りません。部屋の中は家具や建具が壊れてめちゃくちゃに荒れ果て、気がつくと被害が及ばないように他の家族には別居されていた、というケースも。信頼関係を修復する見通しがつかないまま、事態は悪化の一途をたどります。

いかがですか。子どもへの日頃の言動に思い当たる節はありましたか。それとも「ここまではひどくない」とホッとしましたか。ここからは土井ホームに相談に来た「怒鳴り親」の事例を私自身の失敗談も交えてご紹介します。

怒鳴ってしまった実例から

【和樹と祖母、父の場合】

和樹は両親の離婚騒動から精神的に不安定に陥り、万引きをしたり、アルバイト先の売り上げをくすねるようになっていました。知的な面に弱さがあるため、やめようとしてもブレーキが利きません。そんな和樹を受け入れられない祖母や叔母は「あんたみたいな子はいらない！」と激しく彼を罵倒。祖母は持ち歩いている杖でよく和樹を叩いていたそうです。さらに、工事現場で働く体格の良い父も、小柄な和樹が吹っ飛ぶほどの力で殴り倒す始末。しかし和樹の家庭を訪問した際、彼を殴る父もまた親に叩かれながら育ったことがわかりました。暴力以外でわが子をどうやって注意したら良いのかがわからない。だから、父親は和樹を殴るしかなかった。とてもつらい負の連鎖です。

【私と義男の場合】

かつて土井ホームで預かっていた義男は、対人関係に困難を抱える少年でした。「人が見ていなければ悪いことをしてもかまわない」と公言するほど素行も悪く、ホームでの集団生活にも溶け込めません。寮生活のルールを守らない彼に私は、「掃除の時間に風呂に入るんじゃない」などと、常に冷静な態度で注意をしていましたが、「うるさい」「したいことをするんだ」と、まるで耳を貸そうとしませんでした。注意をしても暖簾《のれん》に腕押し。そんな状態のまま3年が過ぎたある日、私のもとへ多額の水道料金の請求がきたことがありました。義男が寮の水を出しっぱなしにしていたことが原因でした。水道局からは漏水を指摘されたほどです。土井ホームの経営は決して余裕があるわけではなく、この金額を見た瞬間に抑えに抑えていた私の怒りが爆発。「お前こんな金、どうするつもりだ！」と声を荒げて怒ってしまいました。当然、義男の問題行動は収まるどころか拍車がかかり、私との関係も悪化してしまいました。

【田中家の母子の場合】

田中家の母親と不登校状態の壮太のエピソードです。母親は四年制大学を卒業し結婚するも、離婚。1人で息子を育てていました。ある日、家の中で四六時中ゲームをしている壮太に、母が「ゲームをやめなさい」と注意。ところが、まったく聞く様子がない壮太に、母はイライラが募って声を荒らげて怒り始め、周辺にある物をあたりかまわず投げつけました。すると、壮太も物を投げ返し始め、部屋中が大荒れに。やがてどちらからともなく包丁を持ち出して刃傷沙汰《にんじょうざた》になり、ついには興奮状態から壮太がベランダから飛び降りようとして、近所や警察、消防を巻き込んでの大トラブルになってしまったのです。

怒りが止まらない原因

ここにご紹介した事例に出てくる私を含めた3名の親や大人は、怒りを抑えることができなかった文字通りの「怒鳴り親」です。私は、義男を怒鳴ったときの全身の血が逆流するような激しい怒りと、その後の苦い後悔を今も忘れることができません。

では、どうして私たちは「怒鳴り親」になってしまうのでしょうか。その原因は、大きく分けると2つ。子どもに原因がある場合と、親に原因がある場合に分けられます。

もっとも子どもに原因があるとはいえ、親にまったく問題がないわけではありません。

あなたに怒鳴られている子どもが映し出しているのは、あなた自身の姿です。原因が親側にあるとしても、子ども側にあるとしても、双方の立場から物事を考えましょう。

子どもに原因がある場合

まずは、子どもに原因がある場合を考えてみましょう。その際に「発達」というキーワードを軸に考えることをおすすめします。「発達」とは、人間が成長する過程で避けては通れない側面であり、親子関係がこじれる背景には必ずといっていいほど、この「発達」が深く関わっています。

「発達」とは、子どもだけのことだと思われがちですが、そうではありません。いのちを与えられ、胎内にいる小さな生命の萌芽《ほうが》の時期から、高齢者になり死にいたるまで人生のすべての過程を「発達」といいます。本来の「発達」の意味とは、増大や進歩といった上り坂だけではなく、縮減や退行などの下り坂の現象をも含んでいるのです。

しかし本書の目的は、子どもを持つ親が自分の怒りの感情をいかに自身でコントロールするかですから、ここでは子どもの「発達」に絞って考えてみます。

子どもの「発達」と変化が起きる時期

子どもが大人になるまでの過程を振り返ってみましょう。産まれてから死ぬまでの「発達」の中で、親など養育者の手を煩わせ、悩ませる年齢とは、全面的に親に依存する周産期・乳幼児期（0歳〜2歳半）の乳児を除くと、次のような「発達」の節目の時期と重なります。

（1）小児期（2歳半〜6歳）…問題行動を起こす時期：2歳
（2）児童期（6歳〜8歳半）…問題行動を起こす時期：小学1・2年生
（3）思春期初期（10歳〜14歳）…問題行動を起こす時期：小学5・6年生
（4）思春期中期（14歳〜18歳）…問題行動を起こす時期：中学2・3年生
（5）思春期後期（18歳〜22歳）…問題行動を起こす時期：22歳以降

それぞれ「第1次反抗期」「小1プロブレム」「9歳、10歳の壁」「思春期」「移行期」

などと呼ばれ、子どもの心や身体、身を置く環境などが大きく変化している時期でもあります。それぞれの「発達」の特徴をさらに詳しく見てみましょう。

(1) 小児期 (2歳半~6歳)

乳幼児期から小児期への移行期です。第1次反抗期が2歳児の頃に多く見られるという特徴から、日本では「魔の2歳児」、英語圏では「Terrible Twos (恐るべき2歳児)」と呼ばれ、対処に悩んだというエピソードを多く耳にします。「魔の2歳児」が見せる主な特徴は、次の3つです。

- ・「イヤイヤ」と言いながらの反抗 (激しい自己主張)
- ・思い通りにならないとギャン泣き (癇癪《かんしゃく》を起こす)
- ・何でも自分でやりたがる (自主的な言動・行動)

この時期になると、子どもは親とは違う考えや感情があることを自覚するようになり、自分は1人の人間だという認識が高まり始めます。そのため、自分の意志を通そうという行動が「イヤイヤ」という反抗となって出るようになるのです。

（2）児童期（6歳〜8歳半）

教育関係者で問題となっている「小1プロブレム」。保育園や幼稚園とは異なる「小学校」という修学環境に馴染めない新入生によるトラブルのことです。たとえば、「授業中なのに勝手に自分の席から離れ、歩き回ってしまう」「休み時間が終わっても遊ぶのをやめず教室に戻ってこない」「授業中も教師の話を聞かない」といったことが指摘されています。少数ではありますが、この時期から非行や逸脱行動を示す小児期発症型は、成長に伴いその行動が重症化しやすいという指摘もあります。

小学1年生は「学び方を学ぶ」学年といわれ、話の聞き方やノートの使い方など、その後の学校生活の基礎をいくつも学び、身につけます。その大切な時期に、1人ひとりの子どもやクラス全体が混乱した状態だと、その後の就学姿勢や学習能力の伸びに影響が出る可能性があります。したがって、学校も力量のある教師を配置してきましたが、昨今、学校業務が過重であるため若い人の就職希望が減り、低学年の指導にまで十分に手が回らないようです。

（3）思春期初期（10歳〜14歳）

10歳から15歳にかけては「第2次性徴期」と呼ばれ、男の子には男性ホルモンが、女の子には女性ホルモンが大量に分泌されます。男の子は肩幅が広がり、声変わりをし、ひげが生えてきます。女の子は初潮があり、胸がふくらみ、身体全体が丸みを帯びてきます。

身体が急激に変化すると同時に、自我の目覚めも起こります。いつも一緒に過ごしていた母親から自立しようとする「精神的乳離れ」の時期を迎える反面、反抗しても受け入れられる存在として、母親を見ています。親から自立しなければならないと思いつつ、甘えていたい。自立することへの不安もある。そんな矛盾した感情があるのです。

特に、「9歳、10歳の壁」の時期にあたる子どもは他者の心の動きを類推し、他者が自分とは違う信念を持っているということを理解する「心の理論」を獲得し始めます。学習内容も具体的なものから抽象的なものに変化して、急に成績が落ちて悩む子どもも増えます。また「定型発達」の子どもと「発達に偏り、遅れ（知的障害を含む広い意味での発達障害）」がある子どもの特性が明瞭になってきます。

（4）思春期中期（14歳〜18歳）

思春期中期は周囲が本当に手を焼く時期です。この時期の子どもたちは、家庭という港から荒海に出ていく小舟のように、自分でもコントロールできない状態です。家庭にとどまらず、学校や社会を巻き込んだ問題を起こしやすくなり、外向きの問題行動だけでなく、内向きの精神医学的症状も多発しやすくなります。

親が適切な対応をしないと親子関係がこじれて、子どもが問題行動を起こしやすい時期ともいえます。発達障害の2次障害や不登校や引きこもりなどの不適応、非行が始まるケースが多いため、早めの対処が必要です。特に、支離滅裂な会話や行動、感情の平板化を伴う破瓜《はか》型の統合失調症をはじめ、拒食症やリストカットなどの精神医学的症状を見せ始める場合もあります。

ただ、家庭を巻き込む嵐のような問題行動は20歳を前に落ち着き、再び凪《なぎ》のような毎日が訪れますが、一部の若者は20歳を過ぎても問題行動が続き、周囲を騒がせます。

(5) 思春期後期(18歳〜22歳)

思春期の終わりと早期成人期の始まりにあたり、子どものようで大人であり、大人びた生活態度をとりながらも大人になりきれない幼稚な内面が入り交じっている時期です。この思春期後期には社会的自立の課題が迫ってきます。同一の年齢集団、地域社会という共通した文化から離れ、異年齢の人がいる職場での多様な人との交流など、課題は複雑になっていきます。トラブルを起こすと、周囲の知恵や助言を支えに解決を図る人もいれば、離職や転職を繰り返し、場合によっては自宅に引きこもってしまうなど一方的に社会と距離を置き孤立する人も増えており、深刻な社会問題になっています。

このように、子どもはさまざまな「発達」の時期を過ごす中で、身体や精神、心理、学力などの困難と向き合い、人生という大海の荒波を乗り越えようとします。そして親がこうした「発達」の特徴をよく理解できていないことが、じつは怒りを誘発する大きな原因になるのです。身体的にも精神的にも不安定で、その不安から周囲の大人——特に甘えられる親にはひどい態度をとってしまうことがあるのは、ある意味仕方がないことです。とはいえ「発達」がもたらすわが子の態度は、それを知らない親にとってはあまりにも理不尽。だから感情がかき乱されてしまい「なぜ自分の言うことを聞いてくれないのか」「どうして自分を困らせることばかりするのか」「子どものくせに親をバカにして」……と、徐々に怒りの火種が燃え始め、ある時爆発してしまうのです。

もしも、親や周囲の大人たちが「発達」の特徴を正しく理解していれば、頭にカーッと血が上る前に「今は反抗するのが当たり前なんだな」「ひどい言葉遣いだけど、本当は違うことを言いたいのかもしれない」と、クールダウンできるかもしれません。「発達」の時期に合わせてわが子の成長を正しくサポートしてあげられたら、必要以上にわが子を怒る必要も、あなた自身が怒鳴って後悔することも減るはずです。

親に原因がある場合

では次に、親自身に原因がある場合を考えてみます。虐待する親と話していると、一見同情の余地のない鬼のような行動の背後に「傷ついた」体験、癒やしきれない「痛み」が隠されていることに気づきます。つまり、虐待する親はかつては虐待された子どもであったわけです。親の内面に、傷ついたまま成長しきれない子どもの自分がいて、目の前の現実の子どもの行動が引き金（トリガー）となって怒りの感情が噴出しているのです。子どもへの親の接し方には、自然と親自身の生き方やものの見方が反映されます。子どもの前では冷静な対応が求められ、怒りの感情を抑制することが重要です。しかし頭ではそう理解できていても、なかなかうまく実行できないという人が少なくありません。

自分自身の過去の問題をひきずっている人は、幼少期に形成すべき基本的な自己信頼感と他者への信頼感が未成熟で、人格の基本が形成できずにいることが多く、子どもとの関係でも怒りの感情を噴き出してしまいがちです。

お酒に浸る父親、借金癖のある父親を嫌悪していたのに、結婚してみたら夫も父親と同じタイプの男性であったというケースはよくあります。虐待的関係性の再演、トラウマの反復強迫といわれる現象です。

「ピンクの象のことを考えない」という話をご存じですか？　ピンクの象のことを考えないように集中すると、ますますピンクの象のことを考えてしまうという心理のたとえです。同様の心理は子育てでも働きがちです。「怒鳴ってはいけない」とわかってはいるのに、いざとなるとブレーキが利かずわが子を怒鳴っている……。そして、後悔して落ち込んでしまうというパターン。「怒鳴ってはいけない」と思えば思うほど、負の思考のスパイラルに陥ってしまうのです。

傷つく前に自分を守っている

人は、受け入れがたい出来事に際して、無意識に否認、防衛、攻撃、抑圧、逃避、退行などの行動を示します。19世紀の精神分析家ジークムント・フロイトはこれらの行動を、自らを守るために備えている防衛メカニズム「防衛機制」と名付けました。

人は、あまりにも不快な事実に直面した際に、圧倒的な証拠が存在するにもかかわらず、それを真実だと認めず拒否することがあります。否認です。

しかし、それでも不安が軽減できない場合には、もっともらしい理由や理屈をつけて正当化したり、無意識に抑え込んで忘れたものと思い込んだりします。

かつて、虐待問題をライフワークとして追いかけている新聞記者と話をしているとき、その方が涙を流しながら、父親の暴言に心を痛めていた自身の過去を吐露したことがありました。虐待という社会問題を追いかけることで、無意識に自己の問題を解決しようとしていたのです。福祉活動を目標にしている学生と話している際にも、同じような反応がありました。虐待を防止する活動の動機に、自身の親子関係が反映されていたのです。

このように、無意識のうちに内面に閉ざされた問題を解決しようとすることは、決して悪いことではなく、あってしかるべきものです。しかし、それでも解決できない場合やその心理的な問題を突然刺激された場合には、そうした防衛機制ではなく、衝動的な攻撃や破壊で緊張を解消しようとします。

この攻撃や破壊のエネルギーになるのが怒りです。

子どもの問題は、親の問題

子どもが、言葉にできないつらさや寂しさを身体で表現するのはよくあることです。

思春期に見られるリストカットは、身体を傷つけることで過大なストレスなど精神的な困難を乗り越えようとする自傷行為ですが、じつは、自らを傷つけると鎮痛効果として、脳内でエンドルフィンやエンケルファリンという麻薬性の脳内物質が分泌されることがわかっています。心の痛み、つらい感情を紛らわせるために、自らを傷つけているのです。その意味で、心と身体は密接につながっています。

また私が関わったある兄弟は、兄は「偽てんかん」、弟は「非行」という形で言葉にできないつらさを表現しました。彼らの両親には離婚の話が出ていたのですが、子どもが目の前で発作で倒れたら、対立し争っている夫婦も協力せざるを得ませんし、学校や警察から呼び出しがきたら、会話をしなければなりません。兄弟は自分たちの家庭が崩壊の危機に陥ったとき、それぞれの方法で何とか守ろうとしたのではないか。そんなふうに、私は感じました。

このように、子どもの問題に夫婦や親、家庭環境の問題が隠れていることはよくあります。親がそれに気づくと、子どもへの対応はまったく違ってきます。子どもにだけ原因を求めるのではなく、親が自分自身を振り返り、家族のありようを考えることで、家族再生のきっかけができた例は少なくありません。親の態度に少し変化が出てくると、子どもの態度にも必ず変化が生まれてきます。

第2章

あなた自身にできる怒りのしずめ方

まず親自身の問題を振り返る

愛情ゆえに発生する親子のトラブル。第1章でも述べたように、その原因の1つは子ども自身がかかえる問題であり、もう1つは養育者である親自身が抱えている問題です。子どものとき、自分と親との間で不全感を抱え、解決できないまま大人になり、親になった人は少なくありません。幼少期に解決すべき課題を大人になっても解決できずに抱えている。そんな親はなぜ怒りが止められないのか、もう少し考えてみましょう。

通常、人間の子どもは、空腹になったり、おしめが濡れたりと、不快な状態になると泣いてメッセージを発します。これを受けた親や周囲の大人は、適切に対処して子どもの不快を快に変えてあげる。つまり、子どもの不安や混乱といった情動がしずまるように整えてあげるのです。

こうした適切な対応、育児を通じて、子どもは周囲の人に対する信頼感を養います。そして、自分が価値ある存在であり、信頼に足る人々に守られている、安全な空間にいるといった、自分と周囲の大人への基本的な信頼感を確立します。

空腹などの不快な場面や困難に遭遇した子どもが、親をはじめ「特定の親密な大人」に接近することを「愛着（アタッチメント）」といいます。

子どもは親という安全基地にアタッチメントし、徐々に探索行動をとりながら自分の世界を広げていきます。砂場で遊んでいる子どもはよく、親の視線や存在を確認しながら遊びに夢中になって、行動の範囲を広げていきますよね。そこには親子の信頼感があるからです。

その逆で、子どもの頃に親を含めた他者との間に基本的な信頼感を養うことができない場合、生涯にわたって影響する困難を抱えてしまいます。こうした困難は、子どもの場合は愛着障害、親の場合はボンディング障害と呼ばれます。

子どものときに機能不全な家族の中で育った親から、理不尽な対応や、激しい叱責、体罰を受けて育った大人。彼等の中には、過去の出来事への怒りの感情にフタをしたまま、親になった方もいらっしゃることでしょう。普段はフタをしている怒りが、子どもが泣き止まない、言うことを聞かない……そんな場面で沸点に達して、つい体罰や虐待を加えてしまった。そういうケースはとても多いのです。

現在は過去の投影

自分自身の行動を制御できない「セルフコントロール」の困難を抱える人は、一度自身の育ちを振り返り、感情の整理をおすすめします。

まず、生まれてから今日までの出来事を時系列で箇条書きにしてください。次に、人生の節目で起きた出来事を書き、そのときの周囲の反応や自分の感情を書いてみましょう。どんな環境で育ち、どんな人に出会ってきたか、どんな人に育てられたのかで人の価値観は大きく変わります。たとえば、以下のような関係性を振り返ってみてください。

・幼少期の親との関係はどうだったか？（虐待の有無・会話や教育の様子など）
・両親同士の関係性はどうだったか？（仲が良かったのか対立していたのか）
・兄弟姉妹がいた場合、関係性はどうだったか？（どのような遊びや会話があったのか）

特に大事なのは、どのような体験によって自分自身の現在の「習慣」が形作られたかということです。それによって無意識のうちに生じる思考や行動のパターンがわかります。

たとえば、父親から母親へのＤＶが日常的にあった場合、その環境が苦しくても子どもはそこから逃げることができません。そして、自分を守るため、必然的に感覚を止めて感じないようにします。そうした解離と呼ばれる対処方法で一時的に乗り越えても、その環境が変わった後も「感じないようにする」という心のクセがついたままだと、心の滓《おり》がやがてストレスとなり、過呼吸や依存などのひずみとして表れるケースがあります。

子どもにとって食べ物や愛情を与えてくれる存在は必要不可欠です。その人がいないと生きていけないから、その人に愛されるために必要な考え方や価値観を無意識のうちに身につけていきます。たとえば、はしゃいだり、泣いたり、笑ったり、素直な感情を表現したときにいつも怒られていると、子どもは「表現しなければ愛されるんだ」と考えるようになります。こうなると、いじめられたときにも「イヤ」と言えず、表現ができないためにいじめの対象になりやすくなる恐れがあります。

このように、自分の過去を丁寧に振り返ることで、現在の自分の性格、能力、思考が浮かび上がってきます。皆さんの現在は過去の投影なのです。こうした視点で自分史ノートを作り上げてみてください。1人では難しいようなら、安全な場所で、信頼できる人に自らが抱える困難についての話を聞いてもらうことをおすすめします。

怒りの本質

「怒り」とは、自己の欲求が満たされないとき、また自分の人生において前に進めていきたい大事な何かを妨害されたときに起こる情緒的な反応です。と同時に、自分の心の根底にある人生そのものへの恐れや、脆弱感に対する防衛機制（心の防衛反応）でもあります。

愛と憎しみは隣合わせです。ですから、私たちが家族の中に愛を求めれば求めるほど、そこには怒りも生じやすいのです。虐待は子どもに怒りが向かいます。しかし、じつのところその怒りは、子どもを通して過去の自分に向かっているのではないでしょうか。

激しい怒りは愛情の裏返しでもあります。

このような愛憎といった人間の感情全体を壺にたとえてみると、その中に「寂しい、つらい、悲しい、不安、悲嘆、絶望、いら立ち、恐怖」といったネガティブな第1次感情が堆積し、それが何かのきっかけであふれると、「怒り」という第2次感情に転化します。怒りやすい人とそうでない人の違いは、壺の大きさの違いです。

現代は、社会全体がイライラしており、事件の背後に怒りの感情が潜んでいることが少なくありません。怒りにはさまざまな性質があり、問題となるネガティブな怒りの感情として、以下の4つが特徴として挙げられます。

・頻度が高い……常にイライラする。カチンとくることが多い。
・強度が高い……激高して怒ってしまう。一度怒り出すと止まらない。
・持続性がある……いつまでも怒り続ける。根に持つ。
・攻撃性がある……他人を傷つける。自分を傷つける。物を壊す。

怒りには持続性があり、怒りの感情にとらわれると、一生その人を苦しめます。同じ根っこから出た宗教が世紀を超えて争う宗教間戦争、個人的な恨みをきっかけにした突発的で悲惨な事件の根底には、社会へのいら立ちと怒りの感情が存在していると思われます。同様に、社会問題となっているストーカーなどは、怒りの感情がこじれてしまった現象ともいえます。このように、怒りの感情は民族や世代、地域を超えて存在するといえるでしょう。

とはいえ、怒りは、その性質や仕組みさえわかれば、恐れる必要などありません。世の中は理不尽なことや不条理なことにあふれています。怒りにくくなろうとするのも大事ですが、その性質を知って慣れたほうが楽です。正しく怒り、すぐにスルーしましょう。

怒りをしずめ、対処する方法を「アンガーマネジメント」と呼び、わが国では一般社団法人日本アンガーマネジメント協会が、幅広くこのセミナーを展開しています。

アンガーマネジメントは、１９７０年代に米国で生まれた心理トレーニング法で、同国では非常に一般的になっています。ちなみに、アメリカから導入された教育プログラム（セカンドステップやコモンセンスペアレンティングなど）において重視されているのは「セルフコントロール」、怒りの感情の統制です。子どもの適切なコントロールのためには、まず親自身がコントロールを試みると良いでしょう。

子育てアンガーマネジメント

アンガーマネジメントの基本的なステップを大きく分けると、以下の3つになります。子育ての場面を想定して、それぞれのステップを解説していきます。

(1)「衝動」のコントロール――6秒間、衝動をガマンする

1つ目のステップは「衝動」のコントロールです。「怒り」を感じた瞬間に、火薬庫に火がつくようにすぐさま爆発させるのではなく、じっと待つ訓練をするというものです。

まずは、怒りが爆発しそうになったら、6秒間じっと耐えましょう。人は「怒り」を感じて物事の判別がつかなくなっても、6秒ほど経過すると理性が働いて客観的な判別

ができるようになります。これを「6秒ルール」と呼びます。

時間を味方にしてもまだ怒りが収まらない場合は、その場を離れることをおすすめします。これを「タイムアウト」と呼びます。子どもの年齢×1分を基準として、親子で激しく言い合うなど緊張が高まった際に「タイムアウトしよう。お父さんは12分後に戻ってくる。それまでここにいなさい」と告げて離れることです。書斎で深呼吸をするも良し、近所を散歩して新鮮な空気を吸い、風に触れてみてもいいでしょう。開放的な場所で自然と一体になってみると、感情的になっていることが馬鹿らしくなって落ち着いてきます。

もちろん、時間が経っても場所を変えても、「怒り」という感情自体がなくなるわけではありません。それでも、時間や空間をうまく利用しながら、「怒り」を上手にコントロールする方法を覚えておけば、それは「怒り」に負けない自分を手に入れたも同然です。

(2)「思考」のコントロール――許容範囲を分ける

2つめのステップは「思考」のコントロール。「怒り」を感じた言動が「許せる」ことか、「許せない」ことなのか、客観的に評価するトレーニングです。

たとえば、相手が約束の時間に遅れることに「怒り」を感じやすい人は、何分までの遅れなら許せるのかという自分の許容範囲を決めておきます。同じようにさまざまなケースを想定して「許せる」「まあ許せる」「許せない」の3段階に分けてマッピングしましょう。

たとえば土井ホームでは、「5分前行動」を原則としています。大人も子どもも5分前に集合し、3分前に来ていなかったら年長の子どもが呼びに行きます。すると遅れていた子どもがあわてて駆けつけてきます。こうして支え合って自覚を促します。

暴力を伴うことは「許せない」ことに入りますから、場合によっては教師や児童相談所、スクールカウンセラーなどに入ってもらい、解決を図りましょう。父親と母親がよく話し合い、対処の方法をあらかじめ決めておくことです。毅然《きぜん》と「暴力は許されない。暴力があったら警察に通報する」と子どもに告げ、実際にそうした場面になったら通報をします。事前に交番に相談して、通報を数度繰り返すと暴力はなくなります。

「許す」「許せない」。こうした怒りの感情を壺の中の水と考えるならば、壺の中の水を見て「まだ」半分もあると思うのか、「もう」半分しかないと思うのか――。壺の中の水の量は同じでも、見方次第で感情は大いに違ってきます。

仏教では怒りを瞋恚《しんい》（怒りや恨みなどの感情）と呼び、「瞋恚去り難し家を守る狗の如し」という一節もあるほど。瞋恚は、なかなか自分から離れてくれないものであり、それはちょうど家を守っている犬が、その家からなかなか離れないのと同じである、と説いています。日本人が夢中になる忠臣蔵などの仇討ち話の根底には、こうした瞋恚が描かれており、それがドラマとしての面白さを醸し出すとともに、人間の感情の危うさを映し出していますね。

(3)「行動」のコントロール――関与の是非を決める

3つめのステップは「行動」のコントロール。ここでの入り口は、関与の是非です。まず、自分が関わるものと関わらないものとを決めます。これは人生においてトラブルを回避する上で非常に大切な考え方です。

たとえば、家庭や職場など親密な空間の人には関与しますが、道行く人には関与しませんよね。関与しない人には関与せず、関与すべき人には関与する……といった具合に、境界線を決めていきます。ここまでは関与するが、ここからは関与しない。こうした態度に徹するだけで多くのトラブルと、トラブルを引き起こす怒りから解放されます。

実際に、カナダのアルバータ州におけるＤＶ加害者の更生プログラムには、自身と相手との境界線を知り、相手の境界線を尊重することを学ぶワークショップが取り入れられています。そのひとつに、２人で１組になり、１人が目を閉じて、その人をもう１人が隣の部屋の席までガイドをするというものがあります。目を閉じた人に、安心して席に着いてもらうことが目的です。同様に、１人が目を閉じて真後ろに倒れ、待機していた数人が倒れてくる人を受け止めるというものがあります。

これらのワークショップで、お互いにいろいろなことに気づきが生まれます。注目するのは、感情の動きです。相手の所作に反応してイラっとした。なぜ、自分は相手を引っ張りたいと思ったのか。相手が自分の言うことを聞かないのは、自分を見下しているのではないかと感じた……など、さまざまな思いを語る中で、何が自分の怒りの引き金になったかを認識するようになります。そして、他人との境界線を上手に引くことが怒りの爆発を回避することになると学びます。

関与するか、しないかで迷ったら、長い目で見たときに、あなたがそれに関わることが自分やまわりの人にとってしあわせかどうかを考えてみましょう。アンガーマネジメントでは、これを「ビッグクエスチョン」と名付け、判断のものさしにしています。

かつて土井ホームにいた大介の話をします。小学校から仲間と万引きを繰り返し、中学卒業前にホームにやってきた大介は、その後も万引き仲間と夜ごとに街に繰り出し、やがて深夜の侵入盗が発覚して、補導された過去があります。

問題行動が多かった大介との関わり方に悩んだ際、私は「大介の安心とは何か？」というビッグクエスチョンを自分に問いました。そして彼の「ハマってしまう」性質と「人との深い交流を嫌う」性質を最優先に考えて関わるようにしようと考えました。

たとえば大介は日中、自室に引きこもっていましたが、入浴や洗濯、掃除にハマっているので、皆が自室に引き上げた頃に出てきて作業を始めます。そこで私は、夜中に1

人で食事をする大介の話し相手になったのです。

こうした静かな歩み寄りが、大介にとっては自分を尊重してくれる心地良い境界線となったのでしょう。やがて彼は高校への復学を志願するようになり、アルバイトを始め、給料の1割をホームで使ってくださいと申し出てくれるまでになりました。そして、彼が20歳を迎える誕生日の前日に自立していきました。

良いところをさがす習慣をつける

ここからは、相談にいらした親御さんに私がおすすめする怒りのしずめ方をご紹介しましょう。まずは「良いところさがし」から。これは、怒りとそれに代わる行動や思考を入れ替えるトレーニングです。

たとえば、子どもの良いところや、毎日の暮らしで感じるしあわせをさがすのです。初めはなかなか思い浮かばないものですが、繰り返し続けていると不思議と次々に浮かんでくるようになります。

しあわせさがしを繰り返しているうちに、言うことを聞かない子どもに対していら立っていた心が「子どもがいるだけでしあわせ」「今の暮らしもまんざらでもない」といった穏やかな心境になってきます。

このように、毎日の行動を変えると思考が変わります。思考が変わると感情も変わってきます。まるごとの自分を受け入れていくことが糧となり、子どもを愛する力が湧いてきます。ささいな毎日の「しあわせ」さがし、お子さんの「良いところ」さがしをやってみませんか。それはとりもなおさず、あなた自身の「良いところ」さがしでもあるのです。

幼い頃のわが子の写真を眺める

人間の脳はうれしいとか楽しいといったポジティブな刺激を受けると「オキシトシン」というホルモンを分泌します。母親の多くは自身の子どもが遊んでいる様子を見ているときにこの「オキシトシン」の濃度が上昇するという研究結果が報告されており、「子育てやる気ホルモン」とも呼ばれています。

引きこもりや不登校の子どもに悩む親や家族、周囲の教師には、時間をかけて内面の成熟を待つ「時熟」の態度が求められます。しかし、ゴールの日が読めない「待つ行為」は、しんどいもの。そこで、待つことが苦しくなったら、幼い頃の子どもの写真を眺めて、その笑顔や成長を振り返り、脳内を「オキシトシン」で満たしましょう。子どもは3歳までに一生分の親孝行をしてくれていると言いますが、まさにその通りです。いくつになってもその効果は続き、親を支えてくれます。

呼吸を整える

人が緊張し警戒状態になると、交感神経系が優位になってさまざまな身体反応が出てきます。掌に汗をかいたり顔が青ざめたり心拍数が増えたり……呼吸が浅くなるのもそのひとつです。心と身体がつながっている証拠でもありますね。

怒りをしずめたいとき、私がおすすめするのは「丹田《たんでん》呼吸法」という呼吸法です。自律神経系が緊張し過ぎている場合はリラックスさせ、疲れて機能が低下している場合は適度の緊張を取り戻させて調和させる効果があります。

「丹田」は、おへその下5センチほどの位置にあるツボです。このツボをしっかり意識しながら大きく呼吸をしましょう。4秒かけて息を吸い、7秒間止め、そして8秒かけて長く息を吐き切る。この呼吸を繰り返します。

丹田呼吸法は瞑想や座禅、気功、ヨガ、合唱、ロングブレスダイエットなど各方面で使われています。血行が良くなり新陳代謝が高まりますし、イライラしにくくなるという効果もあります。うつ病の人は気持ちが楽になりますし、女性ホルモンの分泌が盛んになり、肌ツヤも良くなったなど、私のもとにもうれしい報告が寄せられています。

ほど良い「間」の取り方を心がける

育児の際に、私はよく親子間、夫婦間という言葉を使います。親子、夫婦ともに「間」の取り方がとても大事だからです。「間」の取り方を間違えると「間が違う」とか「間が悪い」「間抜け」という事態になり、どちらに転んでも良い結果に向かっているとは思えません。

土井ホームに来る子どもの中には、精神科病院や少年院から来る子どもがいます。逸脱行動も少なくないので、周囲の大人は消耗し、ときには平常心を失ってしまいます。

そのとき、目に見える解決を急いで「間」を一気に詰めようとすると、火に油を注ぐようなトラブルになります。私たちは常にほど良い「間」の取り方を心がけ、春風のような毎日を送るようにと自らに言い聞かせています。

それでもたくさん失敗します。そのときには大人であっても「ごめんね」ときちんと詫びて、修正します。大人もメンツを気にせず、真摯《しんし》に謝罪をして和解をすることが必要です。

言葉で心を落ち着かせる

イメージしてみてください。日曜の午後のひととき、鼻歌を歌いながら穏やかな時間を過ごしていたあなた。そんなときに警察から1本の電話がかかってきました。あなたのお子さんが他人の自転車を無断で乗っていて補導されたという連絡です。

すぐに警察署に行くと伝えたものの、気が動転して考えがまとまりません。日頃から「人に迷惑をかけてはいけない」と口がすっぱくなるほど言っていたのに。そう思うとフツフツと頭に血が上ったような怒りがこみ上げてきました。すぐ交番に行かないといけないと思いながら、イライラしてばかりで落ち着きません……さて、この場面で、あなたはまず何をするべきでしょうか。

答えは「自分自身で怒りの感情をコントロールし、冷静さを取り戻すべき」です。次に書いてあるような言葉を自分に向けて言ってみましょう。心で思うより実際に声を出して読んでみるとより効果的です。

「冷静さを失わない限り、私はこの状況をコントロールできる」
「ことが知れても他人に言い訳する必要はない」
「怒りに支配されてはいけない。今すべきことに集中しよう」
「あわてて結論を出さないようにしよう」

言葉にして繰り返し言っているうちに少し落ち着いてくるはずです。今度は身体の状況に意識を向けてみましょう。

「筋肉が緊張しているぞ。リラックスしよう」

「あわてることはない。ゆっくりやろう」

「深呼吸して。さあ、1つずつこなしていこう」


心身ともにリラックスしてきました。今度は問題解決に取り組む姿勢を、自分に言いきかせながら確認してみましょう。


「怒りは、子どもへの愛情があるためで、憎いからではない」

「私は心から子どもを愛している」

「今回の事態の肯定的な面をさがしてみよう」

「ピンチはチャンス。今回のことは思春期を迎えて難しくなった子どもとの関係を深める絶好の機会だ」

「彼はたぶん私を怒らせたいのだ。でも、そうはいかない。私は冷静に、そして建設的に問題を処理していくぞ」

いかがですか、落ち着きとともに事態を打開する勇気が湧いてきたのではありませんか。思春期の子どもと接するには、親自身のアンガーマネジメント、怒りの感情の処理が大切なのです。ここでご紹介した自分に言いきかせる方法、自己教示法は有効ですよ。

書くことで怒りをしずめる

たとえば、あなたに仲のいい友人がいるとします。近くの素敵な店でよくお茶をしたり、旅行に行ったらお土産をあげたりする仲です。ところがある日、近所の知人が声を落としてこう言ってきました。

「言いにくいのだけれど……あなたと仲のいい◯◯さん、あなたのことを悪く言ってるよ」

驚いたあなたは怒りがこみ上げてきました。家族ぐるみの交際だと思っていたのに、陰で悪口を言っているなんて！　頭の中にはさまざまな感情がグルグルと渦巻き、やがて怒りで顔が紅潮。さて、どうしたら怒りがしずまるのでしょうか？

まずは1冊のノートを用意してください。ページを開いて、あなたの今の思いやこれまでの経緯を書いてみましょう。とにかく思いついたまま書けばいいのです。これまで感じた怒りや悔しさ、憤り……どんどん綴っていくと、いつしかだんだんと落ち着き始めている自分に気がつくと思います。書くことで事態を客観視できるようになっているからです。

あなたはやがて、その物語の完成に力を入れている自分に気がつくでしょう。あなたが生まれたときから現在の自分にたどり着くほどまでその物語が広がっていたら、怒りを忘れ、平静な自分に生まれ変わったような気分になっているはずです。

発達の凸凹の悩みを1人で抱え込まない

第1章で、親子間のトラブルは、子どもの「発達」の節目で起こりやすいと書きました。もうひとつ忘れてはいけないのは、子どもが「発達の偏り、遅れ、歪み」を有している場合、いわゆる「発達の凸凹ちゃん」である場合です。

たとえば、小さい頃からまったく視線が合わない。抱っこをするとのけぞって嫌がる。

外出すると一気に駆け出して姿が見えなくなる……。「発達の凸凹」が親にとって「育てにくい要因」となり、うまく親子関係を育めない場合が多々あります。

子どもの反応は育児の報酬です。しかし、「発達の凸凹」によって育てにくさばかりを感じる場合、育児の報酬がないどころか負債を抱えるような苦痛を感じるでしょう。いくら注意しても意図が伝わらないため、つい大声をあげた、手をあげてしまった、という結果になってしまうのは目に見えています。

「発達の凸凹」について理解し、その指導方法を学ぶと、定型発達の子どものしつけや指導も楽になります。発達障害の子どもにとって過ごしやすい環境づくり「ユニバーサルデザイン」に基づいた取り組みは、すでに公共施設に広く取り入れられています。発達の凸凹の有無に関係なく誰もが暮らしやすく、生きやすくなるような発想を、子育てにも取り入れていきたいものです。

わが子の「発達の凸凹」とうまく向き合えず、つい怒鳴ってしまう。この悩みを1人で抱え込んで追い詰められる人が年々増えているように感じます。孤立は人を追い込んでいく現代の病です。どうしたらいいかわからなくなったとき、耳を傾ける人がいるだけでも、どれだけ救いになることでしょうか。事態の解決よりも、まず大事なのは、親身になって話を聞いてくれる人の存在。困難に立ち向かう勇気を与えてくれるはずです。

私は「発達の凸凹」を抱えている子どもの親御さんのもとに出かけるとき、いつもこう声をかけています。「お母さん、ご苦労が多かったでしょ」と。そして、たとえば「お預かりしたお子さんと接していると、言葉は流ちょうに話しますが、言葉を表面的に受け止めて、文脈や行間、背後の意味を考えない、『コミュニケーションの質的な障害』を有しているように感じました。いろいろお困りがあったのではないですか」と、具体的に子どもの特徴に話を向けます。すると、ほとんどのお母さんは「初めてそう言ってくれる人がいた」とホッとした顔をなさいます。こうして波長を合わせてくれる人に話を聞いてもらうだけで、気持ちは穏やかになります。

じっと聞いてくれるだけでいいのです。そして一言。「応援していますよ」「見守っていますよ」「大丈夫、心配ないですよ」。このように傾聴し、寄り添ってくれる人の存在は何よりの財産です。日頃からそうした財産を育てましょう。信頼関係という利息があなたの人生をより豊かにしてくれます。

気づきがあれば、怒りは収まる

子どもが抱える心身の問題に気づくと、たとえば、児童福祉法で親権が停止されていたほどの母親にも変化が表れます。

仮にこの母親を幸代さんとしましょう。児童相談所から「あなた、それは虐待ですよ」と指摘されても「いいえ、私の行為はしつけです！」と真っ向から対立していた幸代さん。息子の茂雄を叩いたり、雪の日に裸で外に出したりしていました。

幸代さんの行為は、確かに虐待に相当します。しかし、なぜそうなったのか。背景を紐解いてみると、学校の教師が来訪するから家にいなさいと言う幸代さんに対して、茂雄は友人と遊ぶ約束があるから出かけると主張して譲らず、「好きにしなさい」と言ったら本当に好き勝手に出かけてしまった、ということでした。

よくあるケースといえば、そうかもしれません。しかし、このトラブルの原因は、茂雄の単なる反抗ではなく、彼が抱えていた言葉の真意を推測する力に欠ける「コミュニケーションの質的な障害」と、その障害に気づいていなかった幸代さんとの気持ちのすれ違いにあったのです。

私たちとの面会の中で、茂雄が抱えている障害や困難に気づくと、幸代さんの態度は一変。「私にも親として足りないところ、育児に不適切なところがあったんですね……」と、自ら気づき、反省が生まれました。このように子どもの課題と自分の育児の問題点に気づいたら、話し合いの可能性はぐんと広がります。

その後、実際に幸代さんは児童相談所と和解。裁判所の親権停止も解除され、茂雄との交流が始まりました。親元を離れて10年近い歳月がかかりましたが、茂雄は幸代さんのもとに帰りました。

これまで土井ホームには、茂雄と同じように虐待と受け取られ、親子が分離する形でホームにやってきた子どもが多数いますが、私たちは可能な限り親との和解を進めてきました。その結果、10人を超える子どもたちが親と和解し、親元へ帰っていきました。

私はこれまで数冊の著書を出していますが、児童相談所に毎日3時間電話で相談していた方や、虐待が止まらなかった方など、さまざまなお母さんが私の著書を読んで気づきを得て、生活や子どもへの態度をガラリと変えることができたと喜んでくださいました。

気づきがあれば、そうしたことが起きるのです。そしてそのお母さんの育児の苦労を、「お母さん、大変でしたね」と心情的に支える人が傍にいると、より変わっていきます。

和夫のケースもそうです。「いくら言ってもわからない」と母親はついつい和夫に手をあげていました。体罰は即効性があり、短期的には効果があるように見えます。しかし、和夫が成長し、母親の背の高さを抜くようになると母親の体罰に反撃してきます。外に出て悪さをします。その果てに、土井ホームにやってきました。私は和夫が演劇部に所属していることを知り、子どもたちの発声練習やエクササイズのリーダーにしました。この取り組みの積み重ねによって和夫は大きく成長し、問題行動もなくなり、親元に帰っていきました。

後日、母親からこんな便りが届きました。

「思い違いや考え方のせいで、他人に危害を加えたり、殺《あや》めたりしてしまう人に育ってしまうのではないか。犯罪を繰り返し起こしてしまう人間になるのではないか。自分をコントロールできないまま、分別がない大人になってしまうのではないかと心配していましたが、並々ならぬ御尽力をいただいたお陰で、今は人並みの生活を送っております。私に感謝の言葉をかけてくれる優しい子に育ちました。次男も学業に励んでおります。息子に過度な心配がなくなりましたのは、先生のお陰に他なりません」

不思議なもので、子どもに良い変化が表れると親にも同様の良い変化が起き、それがまた子どもにも波及するのです。その意味で親子は共鳴関係にあるといえます。虐待を非難するのは当然ですが、そうした虐待が止まらない親への支援を社会は考えるべき時期に来ていると考えています。

子どもは大事な「預かりもの」

私たち里親は、社会的親として他人の子をわが子同様に養育しますが、じつは基本的には「預かりもの」だという考え方をしています。だから、愛しても愛執《あいしゅう》しない、叱っても怒らない、ということを肝に命じています。怒りには執着する、境界線を越える性質がありますから、一線を越えない姿勢は極めて大事です。

わが子といえども「わがもの」だから自由にできるのではありません。時期がくれば家庭を巣立ち、社会へと自立するのですから、育児中だけ「預かっている」ものと考えてみませんか。大事に育ててやがて社会にお返しするべき人間なのだと考えると、悲惨な「虐待」は自《おの》ずと減ってくるのではないでしょうか。

第3章

子育ては、怒鳴らないほうがうまくいく

土井ホームの実践子育てテクニック

怒鳴る子育てにメリットなし

わが子を怒鳴っても、子育てには1つのメリットもありません。親がどれほどわが子に愛情を持っていたとしても、怒鳴ってしまっては信頼関係にヒビが入り、親への恐怖や反抗心から子どもの心が離れてしまい……と、デメリットしかないのです。

土井ホームでは一貫して怒鳴らない子育てを実践しています。長年の経験から、怒鳴らないほうが子育てはうまくいくという確信があるからです。

私たちは里親ホーム（ファミリーホーム）として、深刻な発達上の課題を抱えた子ども、特に手のかかる思春期の子どもを長年受け入れてきました。彼らは専門家や学校、施設にとって「困った子ども」たち。対応に苦慮している子どもたちです。しかし、じつは誰よりも本人自身が「困っている」のであり、土井ホームでは彼らの問題行動は「周囲にヘルプを求めている行動」として受け止めるのが基本的な姿勢です。

土井ホームの対処方法とねらい

その対処方法は、目に見えるわかりやすい方法を採用しています。具体的には、ホームにやってきた子どもに言葉で簡単な指示を伝え、大人の言ったことを耳で聞いて理解できるかどうかを確かめます。

与える指示は、たとえば「ポチを散歩させて、帰ってきたら柱につないで、水をやってちょうだい」というように、複数の内容を組み合わせます。これは複数の課題を一度に理解し、こなせるかどうかを見るためのものです。もしも言葉の理解が困難な場合、作業の順番をメモにして渡すなど、目で見て理解しやすく工夫する必要があります。

また「お風呂を見てきて」という課題に対し、風呂場をちらっとのぞいて「見てきました」とすぐに帰ってくる子どもは、言葉の背後にある意味を理解することが苦手（反対類推の障害）です。けれども、お湯が浴槽に張られているかどうか、タオルやせっけんが揃っているかどうかなど、確認してほしい項目をメモに書いて渡せば、きちんと理解して確認できるのです。また、こうした子どもには「廊下を走らないで」というだけの注意は効果的ではありません。「廊下は歩きましょう」と具体的な指示を出してあげることが大事です。

子どもは一般的に、言葉よりも目で見て覚えることが得意な場合が多いため、土井ホームでは可能な限り視覚的な提示を行うようにしています。部屋の片づけが苦手な子どもには、カゴを色分けしたり、引き出しには中がひと目で理解できるようにラベルを貼ったり。また、気持ちが安定する部屋の広さはどのくらいなのかなど、空間的な配慮も行います。

伝えたい内容を視覚化する

「いつ」「どこで」「何を」「どのようなやり方で行い」「どうなったら終わりなのか」「終わったら、次に何があるのか」という情報も、視覚的に伝えていきます。生活習慣が身についていない子どもの場合は一緒に目標を話し合い、目標をクリアしたらシールやマークをつけるなど、努力の成果が目に見えるようにします。日々の生活の中で自然と子どもの心と身体の成長発達を支援していけることが理想です。

こうした土井ホームの支援は「TEACH《ティーチ》」と呼ばれる自閉症児への接し方が基礎となっています。自閉症児にわかりやすい指導方法は定型発達の子どもにとってもわかりやすいものです。ただ、対象である子どもにとって役に立つことが重要なので、一定の療法や学派にはとらわれないようにしています。

最終的には、時間を味方にして心と身体の成熟（時熟）を待ちながら、心の中に積み重なった思いを子ども自身が言語化できるよう支援を続けます。心身の回復を図るとともに、子ども1人ひとりの「物語」を紡ぎだし、周囲との信頼関係を支えに社会的な自立を促していくことが、土井ホームにおける子ども支援のゴールです。

子どもの課題は大人の課題

社会的自立という課題の達成は、子どもの思春期中期から後期にかけての「移行期」という発達過程における大きな目標です。養育者や支援者は、この社会的自立を促すステージに1日も早くなだれ込みたいという誘惑に駆られがちです。しかし、まずは先を急ぎたい気持ちを抑え、本書で紹介する「安全感のある暮らし」を提供し、子どもに「自己をコントロールする力」を養わせることが何よりも重要です。

「自己をコントロールする力」を養う。この課題では、親や支援に関わる大人もまた心身の安全を十分に実感し、過去の自分を振り返ることが大事です。なぜなら、親や大人が自身をコントロールできなければ、結局、子どもに暴言や暴力を与えてしまう恐れがあるからです。つまり、子どもの支援は伴走する大人自身のマラソンであり、決して急いではならないのです。

これからご紹介する子育てのテクニックは、土井ホームで預かった子どもとの24時間の生活の中から「やってみて良かった」「実際に効果があった」ものを抜粋して紹介しています。臨床上のエビデンスに基づいたスキルを紹介していますので、子育てに悩む保護者や青少年指導に困難を感じている方には今すぐに役立ちます。

発達に深刻な課題を抱えている土井ホームの子どもたちに有効なのですから、思春期特有の心身ともに不安定で動揺しがちな一般の子どもたちにも効果があるはずです。思春期を念頭においてはいますが、もちろん思春期前のお子さんにも効果的です。子どもが抱えている困難や問題と照らし合わせて重なる部分があれば、ぜひ毎日の暮らしで実行なさってみてください。

親が準備しておきたい3つの心得

家庭が子どもたちをしっかりと受け止める機能を果たすために、親が日頃から準備しておきたい３つの心得を紹介します。

１つめは「父母の連携」です。両親が子どものために力を合わせ、連携プレーができる体制を作っておきましょう。

父母の連携は子育てにおけるパワーを何倍にも強くします。登山でも喉の渇きを潤すため、山から流れる水を飲む際に、片手よりも両手で水を汲むほうが飲みやすいですね。右手は母親、左手は父親。両手をしっかり合わせると喉の渇きを癒やす水が掌のくぼみに溜まります。合わせ方が悪いと水はこぼれてしまいます。落ちこぼれとは、子どものことを指すだけではなく、親相互の連携の悪さとその結果をいうものだと私は考えています。

とりわけ、子どもが問題を起こした際に、ただ単に家庭内でのトラブルと考えるのか、より高みに向かって家族が変化するチャンスと考えるのかでは、その後が違ってきます。

1人親の場合は、学校の先生や友人など、地域の人々にSOSを出して、協力を求めてください。親が子どもの問題を丸抱えする必要はありません。ピンチはチャンスです。子どもを取り巻く大人たちが情報を共有し、役割を分担して、ともに子育てに取り組む姿勢が大事です。私たち里親は「社会的な親」ですが、里親以外にも、子どもが育つ過程に関わってくれる大人はたくさんいます。

2つめは「親と子どもの境界線を定めておく」ことです。そもそも親は「子どもを守る」という役割を担っています。しかし、子どもが10歳以上の年齢に達すると、親は自分の不安や不満、葛藤を子どもに語ってしまうことがあります。

子どもは親の話をじっと聞いて、「小さなカウンセラー」の役割を果たそうとします。本当は、子どものほうが親に自分の話をじっくりと聞いてほしいのです。でも「お母さんはつらいのだから、わたしが頑張らないといけない」と、背伸びをしてしまう。そういう状況を往々にして見かけます。親は、子どもに夫婦間の葛藤や親の悩みを語ったり、相談したりして、子どもの不安をかきたてないようにしてください。

3つめは「親が子どもにとって身近な大人のモデルになる」ことです。父として、母として、家庭の中でそれぞれの役割を果たすところを、きちんと見せることが大事なのです。そうすれば、子どもは家庭内で不要な緊張を感じることなく、家庭や社会での自分の役割を少しずつ理解しながら成長します。最終的な人生の決定権は本人にあるとしても、身近なところに自己決定モデルがあるかどうかで、子どもの人生は大きく左右されます。

土井ホームの子育てテクニック　基本編

ここからは、子どもと接するときの基本的な子育てテクニックをご紹介していきます。これらを心がけていれば、子どもを怒鳴る必要はまったくありません。土井ホームでも実践していることばかりなので、ぜひ参考になさってください。

・子どもと対等になって衝突しない

子どもが親に向かって罵詈雑言《ばりぞうごん》をぶつけてきたら、敬意のない態度にカチンときますよね。それは、親が子どもと同じ精神年齢になっているからです。子どもと同じレベルに下がると、すぐに衝突や対立が起きてしまいます。だから、子どもと同じレベルにならないこと。右手と左手を同じ高さでたたくから、パンッと大きな音がします。片方を少し上にすると大きな音はしません。これと一緒です。

・子どもを傷つける言葉を使わない

子どもの暴言は「親なら、これくらい言っても受け止めてもらえるだろう」という甘えの裏返しです。子どもにいろいろ言われて傷ついたから「あなたも傷つきなさい」とやり返すのは、大人のすることではありません。

今の子どもの多くは、壁に粘土を叩きつけるような荒い言葉を吐きます。そういう言葉を聞くと、私は「この子も荒い言葉ばかりかけられて育ってきたんだろうな」と思います。大事にされなかった人は、相手を大事にすることができません。子どもには優しい言葉をかけるようにしてください。

・怒るときは短く

親は怒り始めると、ついつい過去にまで遡って怒ってしまいます。でも、それは逆効果。話が長引くと、最初は素直に聞いていた子どもも、イヤになってしまいます。目の前の出来事だけに絞って、短く諭すこと。長い説教はダメです。

また「窮鼠《きゅうそ》猫を噛む」のたとえもあるように、やりすぎの説教は禁物です。もちろん体罰は論外。衝突しそうになったら、時間や距離を置くなど「間」を取りましょう。

思春期になってホームにやってくる子どもの問題は、往々にして親への暴力が原因です。しかし、よく話を聞いてみると、幼い頃は言ってもわからない子どもを親が叩いたり怒鳴ったりしていた、というケースが少なくありません。追い詰められた子どもは、親の身長を抜く頃に今度は親を追い詰めるようになる。暴力も暴言もすべて自分に返ってきます。子どもを追い詰めそうになったら時間を置いて、興奮した気持ちを冷静にリセットしましょう。

・子どもを突き放さない

「あなたなんか知らない」「勝手にしなさい」。つい、このような言葉を使ってしまったことはありませんか。こうした突き放す言葉は、子どもの心を深く傷つけます。特に、言外の意味を理解できない年齢や、発達に課題を抱えているお子さんの場合は、文字通り勝手に行動してしまうことでトラブルを起こしかねません。諭したいときは短く「〇〇するのよ」とだけ言います。子どもの発達に応じて、カードやメモに書きながら説明することも有効です。

・心を満たす前に、おなかを満たす

昔から言われている、子育ての知恵をご存じですか。

乳児は肌を離すな
幼児は肌を離して、手を離すな
少年になったら、手を離して目を離すな

青年になったら、目を離して心を離すな

親子は鏡です。子どもの言動に映し出された姿を見て自己を振り返りましょう。子どもだけでなく、親も成長していくことが大事です。

子どもが成長していくにつれ、親や家庭にも変化が訪れます。父親は会社で責任のある立場になり外での付き合いが増えたり、子育てに専念していた母親も本格的に仕事に復帰したり。そうした変化が多いときこそ「子どもが安心して生活できる環境を整える」という子育ての基本を忘れないようにしましょう。子どもが帰ってきたときにホッとできて、「ここが自分の居場所だ」と感じられる場を用意してほしいのです。

何に安心を感じるかは、子どもによって違ってきます。スキンシップを喜ぶ子もいれば、鬱陶《うっとう》しいと思う子どももいます。その子の安心感がどこにあるのか――。たとえば、風呂なのか、食事なのか、家族との会話なのかを見極めましょう。なかでも食事は重要ですね。心を満たす前に、まずおなかを満たしてあげること。成長期の子どもにとって大事なことです。

・大事なのは、待つこと

わが子は「待ってやること」が大事です。子どもには自ら立ち直る力があります。だから、つかず離れずの距離をとって、でも「いつも見守っているよ」というメッセージだけを伝え続けてください。短い手紙やメモを渡すのもいいですし、キャラ弁のようにメッセージ性の高いお弁当に子どもの好物を入れるのもいいですね。

子どもに話を聞いてもらいたいのであれば、親がまず、子どもの思いに耳を傾けることです。子どもの心のゴミ箱になって、小さな葛藤や混乱した感情を全部引き出して、整理させてあげる。その上で親が話を投げかけると、子どもの心に届きやすくなります。親はいつも「受け」の態勢でいてください。

思春期における子どもの変化は非常に大きく、中学1年と3年では、体格が全然違います。身体の変化による混乱も、子どもを多いに不安にさせています。その変化にきちんと向き合うことは、親としての大事なトレーニングです。

「からだ」から「こころ」に語りかけるアプローチ

さて、ここからは「からだ」の機能をフルに使い、子どもの「こころ」に語りかけるアプローチ方法についてご紹介します。言うことを聞かない子どもに耳を傾けてほしいときや、荒れている子どもの感情をしずめたいとき、ネガティブな感情から自分自身を解放したいときなどにおすすめです。

人は心と身体から成り立っていますから、心（認知）の状態を知り、その変化を促したいときには、心に直接働きかけるより、いったん身体を経由して行ったほうが良い場合があります。精神科医の神田橋條治さんも「こころ」に直接入るのではなく、「からだ」からの働きかけを評価しています。特に発達に課題を持つ子どもたちには、立つ、行進する、回れ右、前へならえ、ジャンプ、箸使いなど、「からだ」を動かすことによるアプローチが極めて有効だと言われています。

〈声がけのテクニック〉

愛情があれば、伝える技術はいらない。確かにそうかもしれません。しかし、どんなに栄養価の高いかぼちゃでも、調理せずに生のまま食べなさいと出したら箸は進みません。ミキサーにかけて牛乳や生クリームを入れてパンプキンスープにする。愛情にひと手間かけた技術が伴ってこそ、より子どもの食は進みます。

同様に、親や大人の思いは、伝える技術を知り、ひと工夫するとより伝わりやすくなるものです。まず、声や言葉によるコミュニケーションテクニックをご紹介します。言外のコミュニケーションの重要性も併せて書いていますので、参考にしてください。

・声の調子を意識する

声は人の心に施す栄養です。人に感動を与えることも、笑わせることもできます。あなたの声は周囲の人にとって、温かい印象を与えているでしょうか、あるいは冷たい印象でしょうか。声のリズムは心地良いでしょうか。

専門的にいうと、声は人を含む動物の発声器官（主として口、喉）から発せられる音です。

声を出すときは、喉を動かす筋肉を使う必要がありますが、そのためには、喉に関わる少数の随意神経系と多数の自律神経系が協調して働かなくてはいけません。

私たちは微妙なバランスの上に成り立つ神経を調整して息を吸い、吐き出しています。強いストレスを受けると、随意神経系と副交感神経の連携する働きが弱くなってしまうなど、その機能はとてもデリケートです。

土井ホームでは、演劇部に所属している少年にリーダーになってもらい、毎日発声練習をしていました。堂々と声を出して伝える。コミュニケーションは技術を伴ってこそうまくいくものです。この場合、指導をした少年の逸脱行動もなくなり、卒業後就職し、親を喜ばせるなど、私たちの想定以上の結果を得られました。

・声がけは「壊れたレコード」のように

お子さんを朝起こすのって大変ですよね。「時間よ」「早く起きて」「遅刻するわよ」。反応がないと思って声を強めると「うるさい、ババア」。エネルギーがいる割に、子どもから反発されては割に合いません。気がついたら朝から晩まで「早く、早く」と急かせてばかり。こんなはずじゃと反省モードの親御さんも多いのではないでしょうか。

このような場面で有効な方法が「壊れたレコード」と呼ばれるテクニックです。壊れたレコードのように繰り返し同じ言葉かけを行うというものです。さまざまな言葉をかけるのでなく、「起きなさい」などひとつのフレーズだけを事務的に繰り返します。

子どもの暴言は感情にまかせて発せられた言葉なので「心にもないことを」と受け流し、「起きなさい」のフレーズだけを繰り返す。それでいいのです。

・予告して数を唱える

「ご飯ですよー」「ちょっと、聞いてる?」。何度呼んでも子どもはゲームをやめません。あなたの声も上ずりいちだんと高くなります。それに合わせて子どもの返事も大きくなり、乱暴になっていきます。さて、どうしたらいいでしょうか。

まず、ゲームに関するルールを親子の間であらかじめ決めておき、そのルールを紙に書いて、見えるところに貼りましょう。その隣に、1日から月末まで1カ月分の日付を書いた紙も貼っておき、ルールが守られた日はスタンプやシールを貼っていきます。守った日はマル、ダメだったらバツをつけるだけでもいい。1カ月間が毎日マルで埋まったらご褒美を出しましょう。

こうしたルールを決めておいて、その場で予告します。「あと15分。6時になったらゲームはおしまい」。そして、いよいよ1分前になったら「数えるよ」と再び予告をして「60、59、58……」と、声色を少し大げさにして数えてください。あわてて子どもが駆けつけてくること間違いなしです。

・大人の役割を演じさせる

演劇療法と呼ばれるセラピーがあるのをご存じですか。演劇を通して、日常生活ではできない自由な感情表現をすることで本来の自分を取り戻し、ストレスや心の悩みなどから解放しようとするセラピーのことで、土井ホームでも周囲とのトラブルが絶えなかった子どもを指導する際に使っています。

荒れていた子どもは祖父母や親の役を演じるうちに、徐々に周囲と自分の立場を客観的にとらえられるようになり、また、まわりの子どもたちも自分の立場に置き換えて物事を考えられるようになります。

たとえば問題の多い子どもが「喉が渇いた！」と周囲を威圧するような荒々しい言い方で訴えてきたとします。すると私たちは「そうじゃないでしょ。『おばあさんは喉が渇いたんじゃ』と言ってごらん」と促し、まわりの子どもにも「ほらほら、お兄ちゃんが叱られているよ」「すいませんねぇ、うちの子が」……と、芝居気たっぷりに演じてみせます。すると本人はもちろん、まわりの子どもにも笑いが広がり、その場が和みます。

実際に、理不尽な理由で親に捨てられ、問題行動ばかり起こしていた土井ホームの子どもも、この演劇療法でだんだんと落ち着きを見せるようになりました。

〈視覚のテクニック〉

昔から「目は口ほどに物を言う」といいます。人間同士の第一印象は、五感の働きで、たった０・６秒で決まってしまいます。

太古から、人々は目には多くの事実が表れているということを経験的に知っていました。目は心の窓だけではなく、人体の内部をのぞき見る窓ともいえます。目は「外に出ている脳」ともいわれます。瞳は外部から確認できる唯一の脳神経と直結した臓器だからです。こうしたことから、「脳から飛び出した部分」が、じつは目だといわれています。

人は相対する人の心そのものを目で読みます。就職の面接だけでなく、子どもも親の感情を目で読みます。昔から「瞳をみればすべてがわかる」ともいわれてきました。

実際に、隠しごとをして目が泳いでしまった経験は誰にもあるはずです。ウソをついたり、がっかりしていたり、感情の動きはどうしても目に表れてしまいます。目が口ほどに物を言わなくなったら、立派な詐欺師になれるかもしれません。それほどまでに雄弁な目を、ぜひ親子間のコミュニケーションに活かしてみましょう。

・言ってもわからないなら、目に見えるように視覚化する

「どうして何度言ってもわからないの！」。思春期を迎え、脳内が沸騰しているかのようなお子さんに手を焼くあなた。「言ってもわからない」子どもには、「目で見て理解させる」方法がより効果的です。

視覚が1秒間に得る情報量は聴覚の600倍も多く、まさに百聞は一見にしかず。人が外界から得る全情報の80％は、目から入ってくるものです。

また、身体の各部から得られる感覚の情報は、脳の大脳皮質に集まります。それぞれの感覚を得る各部の細胞の領域と、それに対応する大脳皮質の領域の比は、その器官が精巧なほど大きくなるといわれています。

ブタの場合、その比率は嗅覚では0・1、聴覚では1・0であるのに対し、人間が目で光を感じる網膜の中心部と大脳皮質の比は10000といわれており、人間において目がいかに精巧な感覚器官であるかがわかります。

ふつうの感覚器官である神経は末梢神経と呼ばれます。これに対し、目の神経である視神経は中枢神経であり、目が光を感じる網膜は発生学的に脳の一部であることはよく知られています。これが、目が脳の出先機関であるといわれるゆえんなのです。「目で見て理解する」方法が子どもにとってより有効だということが、ご理解いただけたでしょうか。

ただし、親子の関係が煮詰まっている間はどんな方法もうまくいきませんから、関係が穏やかなときに話し合い、「わが家のルール」を決めておきましょう。このルールの内容と手順、時間などは、スケジュールカードや冷蔵庫に貼るなどして「目に見える」ようにします。ちなみに、自閉症の子どもとのコミュニケーションに有効なＰＥＣＳ（絵カード交換式コミュニケーションシステム）など「視覚的提示」は、一般の子どもにも伝わりやすいといわれています。

そして、メッセージを受け取った子どもが課題を実行できたときには、徹底的にほめてあげましょう。ささいなことでも評価します。「お父さん、うれしいぞ」「お母さん、うれしいわ」。メモにして机に置くのも良し、オムレツにケチャップでハートマークを書くのも良し、です。

・大事な話は、目を合わせる

子どもに語りかけるとき、あるいは注意をする際に、あなたはお子さんの目を見ていますか。台所仕事をしながら、アイロンをかけながら片手間に言っていては通じません。通じないから声を荒らげ、繰り返し言うことになり、嫌われてしまいます。

子どもに大事な話を伝えるときは、しっかりと目を合わせて語りかけましょう。テレビのスイッチもスマホも切りましょう。大事なことがらであるときにこそ、目を見て、ときには手を取って語りかけましょう。

忙しく仕事して帰宅した夕方のひと時に「そんな時間はない」と思うかもしれません。でも、毎日同じことを繰り返しても通じていないとしたら、少し方向転換をしてみませんか。

何より、人が思いを伝えるコミュニケーションの道具は言葉だけではありません。人は相手の全身からシグナルを受け取っています。特に、目です。「風呂を洗って」と「上から目線」で言うのでなく、強力な「お願い」光線を出すのも効果的です。日頃尖った態度で、「ダリィ〜」「ウザイなぁ」と言っているお子さんも、案外うれしいものです。応じてくれたら、最後に必ず言ってください。「うれしかった。ありがとう」。

・朝は朝日を浴びさせる

朝、効果的に子どもを目覚めさせるには、朝日をしっかり浴びさせることです。

人間の体内時計のメカニズムは、左右の目の網膜からのびた視神経が交叉する視床《ししょう》下部《かぶ》にある視交叉上核《しこうさじょうかく》と深く関係しています。直径わずか1ミリの超小型・超高性能時計。その時計は朝、目から入る太陽の強い光を感知すると、3〜8ミリとやはり小さな松果体《しょうかたい》に信号を送り、松果体からは「時計ホルモン」と呼ばれるメラトニンが分泌されています。

メラトニンは約14時間後に睡眠を促すホルモンで、血流によって、身体のすみずみまで時間の情報を運んでいます。このように、私たちは太陽の光を浴びることで、体内時計のリセット・ボタンを毎日押しているのです。つまり、朝気持ち良く目覚めるためには、次の3つが重要です。

・朝、決まった時間に太陽の光を浴びるようにする。
・昼間、なるべく外に出る機会を作る。
・規則正しい時間に食事をとる。

特に、朝食をとって早く血糖値を上げることで、1日のリズムが作りやすくなります。このように生活環境を整え、お子さんの生活習慣を確立することが重要です。声を荒らげて起こす前にカーテンと窓を開け、太陽の光と新鮮な風を部屋に呼び込みましょう。こうして自然の恵みを味方にした上で、声をかけてあげましょう。

親と子が「心のオムツ」をはずす時期

土井ホームの子育てテクニック、いかがでしたでしょうか。心に響いたことがあったら、今すぐ実行してみてください。

思春期の子どもは親に「甘えたい」気持ちと「恥ずかしい」気持ちが半々。大人へと成長する子どもは毎日、心も身体も変化しています。この時期は、親も子どもも「心のオムツ」をはずす時期。親は急に心の距離が離れるわが子に不安感を覚えますし、子どもは自身に起こる多くの変化を受け止めるだけで精一杯。親子の対立も起こりやすいこの時期に、子どもの自立に向けて親はどのようなサポートをしたらいいのか考えてみましょう。

乳幼児期から思春期までの子どもは、「心にオムツをしている」ようなもの。親があれこれと手をかけながら、成長をサポートしてあげる必要があります。しかし、思春期以降は心のオムツをはずす時期。わかりやすく言えば親離れ、子離れの時期に入るのです。

心身ともに変化が大きく表れる思春期の子どもは、とてつもない混乱と、不安の真っただ中にいます。意味もなくイライラするのは当然。親に何かと反抗したくなる、それが普通です。なぜなら子どもにとって家族とは、安心して迷惑をかけられる唯一の関係。家庭は子どもが安心して、自分のままでいられる居場所です。

思春期の身辺的自立は、やがて社会的な自立への足がかりをつかんでいく大事なステップ。親とつながりながら、自分をコントロールする能力を身につけ、徐々に親離れしていくのが理想です。

親もまた子離れする心構えが必要。子どもに手がかかる時期は確かに大変ですが、同時に手をかけてあげる喜びや充実感も得ていたはずです。しかし思春期に入ったら、これまでの「手をかけるサポート」から「目をかけるサポート」へと接し方を変えましょう。いつも子どもに向き合う必要はありません。「ここぞ」というときだけ向き合えばいいのです。いつもは子どもと同じ方向を見て、寄り添ってください。

私たちは、ついつい理想的な親になろうと頑張ってしまいますが、親としていちばん大事な役割は、子どもが安心して暮らせる環境を整えること。子どもの成長にとって欠かせないのは、家庭の中の人間関係や生活のリズムをきちんとすることなのです。ある程度大きくなった子どもには、手をかけずに目をかけましょう。「あなたのこと、いつも見ているよ」というメッセージを常に発信していれば、子どもは安心して育っていきます。

立ち枯れの子、根腐れの子

ホームにやってくる子どもたちのほとんどは愛情不足で、心の根っこに愛情という水が届かずに立ち枯れている子どもたちです。しかし稀に親の愛情過多、過干渉で根腐れしている子どもたちもいます。そんな子どもを見ていると、親がわが子をまるでペットのように扱い、親の見栄のために子育てしてきたのでは、と思うことさえあります。子どもには年齢相応の課題をこなす力をつけさせることも親の真の愛情です。

子どもは親を見て育ちます。親が針なら子どもは糸、親が機関車なら子どもは客車。前を行く親の歩みの通り、子どもは進みます。いずれこうした役割が逆転する日が来るでしょうが、自分の足で歩き、手を離し、見守ることが親の仕事であるという日まで愛情という水をかけ続けてください。

子どもに変わってほしいのなら、まずは親から変わること。力不足や自信がないなど不安を感じるなら、周囲にヘルプを伝えましょう。乳児期から自立を果たす思春期後期にいたるまで、子どもへの接し方は年齢に応じて変える必要があります。子どもの人格という根っこに、愛情という水を過不足なくかけていく。ここをすべての出発点に、思春期の子どもの自立をサポートしてください。もちろん、すべてを自分1人でする必要はないことを忘れないように。

親にもいろいろある

子どもを産むと、人は生物的な親になります。出生届を出せば、法的な親に。でも、親の大事な役割は、子どもの成長に必要なものを適切に援助することです。そういう親を「心理的な親」と呼びます。生物的な親ならば誰でもすぐ心理的な親になれるかというと、そうではないと私は感じています。

親が、イライラした感情を子どもにそのままぶつけてしまうことは、結構あるのではないでしょうか。あるいは怒りにまかせて「あなたなんか、もう知らない」「どこかへ行ってしまいなさい」などと言ってしまう。子どもが「自分は守られている」という安心感を失う行為は不適切な養育、つまり、広い意味での虐待です。私たち大人は、こうした言葉を無自覚に使い、誤った循環に陥っているのではないでしょうか。

親のエゴや見栄を子どもに押しつけるのではなく「あなたの成長を応援しているよ」「あなたの確かな成長のために、これは必要なことなのだよ」というメッセージの発信方法を、親は勉強するべきです。言葉を変えるなら、子どもが「自分は愛されているのだ」と実感できるような叱り方ですね。このような望ましい循環に転換できれば、誰よりも親自身の気持ちが楽になるはずです。

親子の間には相互作用が働きます。子どもが言うことを聞かないから、親は声を荒らげる。親が声を荒らげると、子どもも声を荒らげてくる。関係が悪化してきて、子どもの問題行動が増える。親はさらに激しく声を荒らげる……といった具合。もちろん、この逆で循環が良い方向に働く場合もあります。ささいなことでも構いません。子どもにやってほしいことを、まず親が行動で示す。ここから少しずつ良い循環が始まります。

一貫性と継続性のある「ものさし」を持つ

しつけとは、親の思い通りに子どもを動かすことではありません。子どもが家族や社会の一員として、その場にふさわしい行動を取れるように、学ばせることです。

そのためには、親自身が自分をコントロールし、行動を通して手本を見せます。その行動の意味も言葉できちんと説明できなければいけませんし、子どもがその通りにできたら、きちんとほめる。私はその一連の過程を「しつけ」だと考えています。

大事なのは、親が一貫して継続した「ものさし」を持っていることです。昨日と今日とで親の意見が違ったら、子どもは混乱してしまいます。

また、私たちは言葉だけでなく、顔の表情や声の調子など、身体全体を通してメッセージを発しています。子どもにメッセージを出すとき、言葉では「いいよ」と言いながら、心の中では「良くない」と思っていると、心の声が表情に出てしまいます。二重のメッセージを出すのは、「ダブルバインド」といって子どもを混乱させるもとなので注意しましょう。

自立とは、孤立ではない

親がやがて年老いて亡くなっても、わが子には社会でしっかり生きていってほしい。どんな親でも、そう願っています。子どもの「自立」に必要なのは、絶対的に安心・安全と感じられる環境と、最も身近な大人である親の適切な応答。これが子どもの自立する力を養う糧になります。

しかし「自立」とは「孤立すること」ではありません。人間は自立して生きる必要はあるけれど、孤立して生きることはできない、1人では生きていけない生き物だからです。

人生の危機とはまさに、誰ともつながることなく、関係が切断されている状況を指します。私たち人間は、いつも誰かに助けてもらうことで生きていて、つまりは「自立的依存」の状態でしか生きられない生き物なのです。

アフリカのサバンナで産まれるシマウマやガゼルは生後1時間かそこらで立ち上がり歩き始めます。そうしないとライオンやチーターの犠牲になってしまうからです。同じように、北極のシロクマは2歳で親離れをして自立します。

そう考えると、人の子どもはどんなに優秀でも親に大変な手間と迷惑をかけて育っています。もちろん、当の子どもはそんなこと気にもせず、成長して結婚し、子どもを育てるようになってから、ふと気づいたりします。「自分も親にこうやって迷惑をかけて育ててもらったのだなあ」と、子どもがようやく気づいた頃には、親は草葉の陰の人。そういうものです。

人に頼っている姿を見せる

人は「支援」を必要とする生き物であり、「依存」しながら生きています。親がそういう人間が集まっているところが社会なのだと知っているかどうか――じつは、ここが子どもの「自立」をサポートする上でとても大切なのです。

親は子どもにカッコいい姿を見せたいと思いがちですが、ときには誰かに頼っている姿を見せてみませんか。たとえば、母親が父親に助けを求めたり、その逆だったり。また、親が学校の先生にわが子のことを相談する姿を見せるのもいいですね。その逆で、職場で部下の相談にのったり、近所で困っている人の手伝いをしたりする姿を見せるのも良いでしょう。そうした経験から子どもは、「困ったら誰に相談する」「助けてくれる人は1人だけではない」ということを学ぶのです。

人生で本当に必要なのは、何でも1人でできる力ではなく、助けが必要なとき誰かに頼ることができる力です。だからお母さん、お父さん、子どもに「1人でできるようにしなさい」「もう大きいのだから自分でやりなさい」と言いたいところをグッとこらえて、まずは「困ったときは、困っている、と言えるようにしようね」と教えてあげましょう。困ったら、困ったと誰かに伝える。これを最初の目標にしてあげるといいと思います。

あきらめていい、ということではありません。「1人でできなければ、手伝ってもらおう」「できるようになるコツを誰かに教えてもらおう」「困ったら必ずお母さんに言いなさい、お父さんと相談して必ず助けるよ」「親に言いにくかったら、他の大人でもいいのだから相談しなさいね」と説くのです。「社会の人は必ずしもいい人ばかりではないけれど、きみが頼りにできる確かな大人は必ずいる。誰でもいいからそういう人をさがして声をかけるのだよ」と教えてあげてください。

2つの固い思い込み

うつや不安障害の人が陥りがちな否定的な思考パターンの根底には「私は無力で役立たず」と「私は愛される資格がない」という2つの固い思い込みがあります。

こうした人は、学業や部活動など目の前に課題があると「この課題をうまくやりさえすれば、私は愛されるかもしれない」と強迫的なほど全力を尽くします。目標とする誰か、ライバルとする誰かを決めて、追いつき追い越せでがむしゃらに頑張ります。上へ、上へと目標を更新し、他人の顔を窺い、期待に100%応えようとします。

ところが一度挫折すると、周囲からすればほんのささいな失敗をしただけだとしても、「やっぱりダメだ、私は子どもを愛する資格がない」「親としてダメだ」と思い込んで、否定的な思考のループに陥ってしまいます。「失敗した自分」「ダメな自分」は常に否定の対象なのです。

こうした人を苦しめているのは「完璧にやりたい」「相手の気持ちに100％応えたい」という生真面目さです。じつは薬物依存の人の内面にもこうした生真面目さが潜みがちです。そして、子育てのちょっとした失敗でもついわが子に感情的に当たってしまうのです。

子どもの心を萎縮させ、伸びやかな心身の成長を阻害する「無自覚な叱り方」と「虐待」の違いは、言葉ほどありません。否定的な養育環境で育ち、自尊感情が低いと、ささいな出来事で激高するなど、極端な言動に走ってしまいがちです。その結果、子どもの人生にも同様の事象が起こります。

重い荷物を1人で背負わない

1人で何でも完璧にこなせる人など存在しません。ですからお母さん、お父さん自身が困ったときにはいろいろな人に助けを求めることを学びましょう。支え合いとは親子だけではなく、社会に生きるすべての人と人との間で成すべき行いだと覚えておいてください。

まずは夫婦がお互い連携すること、そして自分の親、配偶者の親、親戚、近所の人。保育士さん、先生、習い事のコーチ、塾の先生。さらにスクールカウンセラーや医師、保健師、栄養士。さまざまな分野の専門家に相談することをためらわないでください。相談するだけで気持ちが軽くなり、それだけで問題が解決することもあります。

親自身にも子どもの頃につらい体験があったりする場合、専門家のアドバイスで、親も子も非常に楽になり、安心して心配事を解決していくことができるのです。

できれば、頼る先は複数見つけておきましょう。こっちがダメならあそこ、そこもダメなら……といろいろなバックアップを作っておくと安心です。

どうか重い荷物を1人で背負い続けず、人に半分持ってもらったり、脇に置いたりしながら、子育てを楽しんでください。

第4章

それでも怒鳴りそうになったら

より困難な子に対応するための知恵

親という役割のプロが「里親」

この章では、一般家庭の親では手に負えないような、より困難なケースに対応するための知恵を掘り下げてご紹介します。ここでご紹介する知恵はすべて、46年にわたり、里親として数多くの子どもを同じ屋根の下で養育してきた私の経験から生まれたものです。

里親というのは、親の役割をプロとしてとらえ、実践している人たちです。社会的な親ともいえます。欧米ではこうした里親に国家資格を与え、最も困難な子どもを扱う里親には病院勤務医と変わらぬ報酬を用意しています。このような子育てのプロは「専門里親」「治療的里親」と呼ばれます。

親の働きかけが子どもにどのように影響するのか。子ども同士の相互性などさまざまな先行知見に学び、現場で失敗を繰り返しながら積み上げてきたプロとしての視座や心構え、臨床上の知恵の数々が、子どもの養育に悩んでいる親御さんや青少年臨床に携わる皆さんに示唆を与えるきっかけとなれば幸いです。

子どもと向き合うときの3カ条

これまでに土井ホームで預かった子どもは150人以上。現在は7人の青少年と一緒に暮らしています。

ホームにやってくるのは、行き場のない子どもや心に深い傷を負っている子どもたちです。年齢的には思春期の子どもが中心。子どもは本来、成長するエネルギーを持っていますが、思春期は心身の変化が非常に大きく、子ども自身もその変化をコントロールできません。そういう子どもたちを預かっていると、さまざまな問題や摩擦が生じます。

私も最初の頃は、子どもに対して強い口調で何度も同じことを言っていました。しかし、どうもうまくいきません。そこで私は子どもと自分たち大人の関係を客観的に見るようにし、「子どもにメッセージを伝えるには工夫がいるな」と考えるようになりました。

子どもと向き合うとき、私がいつも心がけていることが3つあります。

1つめは、声を荒らげないこと。親が声を荒らげると、多くの場合、子どもも声を荒らげます。言葉はキャッチボールですから、こちらが豪速球で投げれば、向こうも力いっぱい投げ返してくる。やわらかい球を投げれば、ソフトに返してきます。穏やかに話すことは、子どもと向き合う出発点です。

そもそも、強い言葉だからといって、相手の心に響くわけではありません。子どもを叱っていて反応が乏しいと、「この子はちゃんと聞いているのだろうか？」と思って、ついつい耳元で怒鳴りたくなりますが、それは逆効果です。

2つめは、メッセージの出し方です。「△△しちゃダメ」ではなく、「○○しよう」と肯定的に言ったほうが、子どもには非常に通りがいいですね。

親はよく子どもに、「ちゃんとしなさい」とか「いい子でいてね」と言います。でも、ほとんどの子どもは、どういう態度がいい子なのかわかりません。

「お客さんの前ではちゃんとしてね」ではなく、「お客さんが来たら、ご挨拶をして、その後は自分の部屋で静かに本を読んでいてね」というように、肯定的で具体的な指示を簡潔に出してください。

3つめは、必ずほめて終わること。私は叱る場面でさえ必ず「最後までよく聞けたね」

「頑張ったね。ご苦労さん」と声をかけて終わるようにしています。子どもの自尊感情を高め、お互いの絆を確かめる言葉かけは、とても大事だからです。

親が子どもをしつけようとするのは、愛情から出る行為です。でも、ただストレートに出しても、子どもがそれを受け入れるかといったら難しいでしょう。「言えばわかるよね」という押しつけでは通じません。

子どもと話す知恵、叱る知恵

家庭は診察室や心理面接室よりも巧みなカウンセリングルームです。困難な子どもの心を開くには、まずは親がひと工夫してみましょう。

ここからは、私がさまざまな困難や問題を抱える子どもたちと接するなかで、少しずつ積み上げてきた「臨床の知恵」をご紹介します。親がどんなに怒りを抑えても空回りしてしまうとき、言うことを聞かないわが子に泣きたくなったとき……必ず役に立ちますから繰り返し読んでくださいね。まずは子どもと話すとき、叱るときの知恵からです。

・目を見て話す

まずはどんなに忙しくても、大事な話をするときには必ず仕事の手を止めて、子どもと向かい合ってください。そして、子どもの目を見つめながら、「私はこれをあなたに伝えたいのよ」という思いを込めて話してください。そのとき、テレビは必ず消すこと。テレビを見ながらするのは、その程度の話です。

もし、子どもが親の目を見られないとしたら、それは不安感の表れです。ホームに来る子どもたちも最初はそうです。しかし、この大人は自分の味方だと思うと、自然と目が合うようになります。

・肯定語でルールを作っておく

親だってできればわが子を叱りたくはありません。だとしたら、叱るような状況を減らせるように努力しましょう。まず、わが家のルールを決めてください。「許してはいけないウソ」のような基準です。「このルールを破ったのだから叱られても仕方がない」と子ども自身が納得できれば、素直に謝るきっかけが増えるでしょう。

また、できるだけ肯定語で諭すことも大事です。ルールを作るときも「○○するな」とか「○○したらダメよ」ではなく、「○○しようね」とか「○○をしてみよう」という言い方を心がけましょう。否定的な言葉は否定的なイメージばかりを膨らませてしまい、子どもの心を萎縮させる原因に。日頃から自分の言葉遣いが否定語になっていないか確認してみてください。

・穏やかに、近づいて、小声で

子どもと話すときの原則に「穏やかに（calm）、子どもに近づいて（close）、小声で（quiet）話しなさい」という「CCQの原則」があります。

大声で怒鳴られると、人は自分を守ろうとして、心理的な壁を作ってしまいます。子どもの心の扉を開かせるには、穏やかな語りから入ることが重要です。

また、子どもを叱るときは、端的に、短く話をします。「これから、きみを叱ります」と宣言し、まず「きみは○○しましたね」と事実確認をします。子どもは否定しますが、「したでしょう。このことに関しては、これで2回、注意しましたよ。わかりましたね」

と念を押します。注意は基本的に3分以内。長くても5分で終わらせます。子どもが集中できる時間は短いので、長く話しても効果はありません。

・叱る場所を決めておく

池のそばで手をたたけば鯉が出てきます。料亭で手をたたけば仲居さんが。このように、場所によって手をたたく意味は違います。

叱るときも同じです。土井ホームでは「お叱りの部屋」や「お叱りのいす」など、子どもを叱る場所を決めています。その部屋に入る、またはそのいすに座ると、自然と叱られモードになるからです。

子どもへの指導は、感情にまかせて大声で「怒る」ことではありません。理性的に自分の感情と声をコントロールしながら愛情を込めて「叱る」ことが求められます。叱る場所を決めておくと、大人自身も冷静になれるのでおすすめです。

・Iメッセージで伝える

叱り方にも、いくつかの工夫が必要です。そのひとつが「Ｙｏｕメッセージから I メッセージへのチェンジ」です。たとえば、「今日はよく頑張ったね」と事実を伝えるのがＹｏｕメッセージ。これをIメッセージに変換すると「今日のあなたの頑張りを見ていて、お父さんも励まされたな」になります。つまり、子どもの行動を見守っている親（自分）がどう感じたかを伝えるということです。

思春期の子どもは「僕のこと、よく知らないくせに……」と反発する場合がありますが、堂々としていればいいのです。「でもお父さんはうれしいなって、そう感じたぞ」と、素直な思いを伝えましょう。

・軽く叱ってしっかりほめる

私たちは子どもを叱るときこそ「しっかり」叱るものだと考えがちですが、反対です。「軽く」叱るのです。そしてほめるときにこそ、「しっかり」ほめるのです。

叱られた後の子どもはそこから先の見通しがつかず、不安ばかりが募るため、反発や言いわけが増えていきます。逆に、お母さんが「あなたの良い部分を知っているよ」と常にメッセージを送っていれば、どんなに叱っても子どもの心が萎縮することはありません。それどころか、子どもも素直に「ごめんなさい」「自分が悪かった」と謝りやすくなるのです。子どもが謝ったときには、「よく言えたね」と、評価してあげるのも忘れずに。謝りやすい状況を作ってあげるのも親の役目です。

では「しっかり」叱るべきなのは、どういう場面でしょう。それは他人と自分を傷つける行為をしたとき。このときは毅然とした態度で「しっかり」叱りましょう。これが通じるのは、日頃軽く叱ってしっかりほめているからです。

ほめるときの知恵

ほめるというと、すぐにほめ言葉をイメージするかもしれません。しかし、ほめるという行為には3つの段階があると考えてください。

まずは子どもにまなざしを注ぎ続ける（注視）。次に子どもの言葉にじっと耳を傾ける（傾聴）。そうすれば必ずほめるべき言葉が出てきます（称賛）。整理すると「観察（注視）」

↓「対話（傾聴）」↓「評価（称賛）」という流れです。その上で、以下のようなコツを意識して、ほめてみてください。

・照れずに、ほめる

親にほめられてうれしいのは子どもに共通する反応です。特に、ほめる＝認めるメッセージは、気持ちが揺れる思春期（10歳〜22歳）にこそ必要。幼い頃のようにわが子をほめられないと照れる親御さんもいますが、どんどんほめましょう。「親が自分を認めてくれている」という安心感が、子どもの成長を後押しする力になります。

たとえば、親子で話し合って「毎日、自分で起きる」「ゲームは1日2時間まで」など、小さな目標をたくさん紙に書き出してみてください。「達成できたら週末は5時間ゲームをしてもいいよ」などと、ちょっとしたご褒美を用意すると、子どものやる気も高まります。そして、その目標を達成できたら「よくできたね、えらい。お母さんもうれしいわ」と目を見て、心を込めて、ほめてあげる。

成績が上がったり、何かで表彰されたりといった、華々しい結果だけがわが子をほめるポイントではないはずです。それよりも他の誰もが注目しないような、小さな良い点を見つけてあげることが大事。子どもをほめていくうちに、親の喜びも増えるはずです。

・ささいなことほど、すぐほめる

他人から称賛されるような華々しいことではなく、親しか知り得ないささいなことを、むしろほめましょう。親に認められているという安心感が、混乱や不安の多い思春期には必要です。

何事も当たり前だと思うと、ほめるところは見つかりません。ご飯をちゃんと食べる、家に時間通りに帰ってくる……そんな、できて当たり前と思えることからほめる。これもできる、あれもできるという目で見て、良いところを探しましょう。このような取り組みが脳内を刺激して、子育てしあわせホルモンと呼ばれるドーパミンの放出を促します。子育て上手な人はこうした脳内ホルモンがうまく出ているのです。

また、見たこと、聞いたことは、その場でほめます。共感をもって聴く、うなずく、同意をする。これは子育てやる気ホルモンと呼ばれるオキシトシンの放出を促します。

・ほめられていない子ほど、ほめる

自尊感情や自己肯定感の低い子どもは、「どうせ自分なんて」が口癖。何をするにも自信が持てず、新しいことにチャレンジする意欲も低い。注意力が散漫で、失敗したらすぐにあきらめる。こうした自己有用感に乏しい子どものほめ方を考えてみましょう。

たとえば、「今日の髪型かっこいいね」「そのセーター似合うよ」「ご飯をおいしそうに食べるね」「最近、字がきれいになったね」「本を読んでいるときの顔がいいね」「靴の揃え方がきれいだね」など、誰も気づかないような、ちょっとした行動や変化をほめていきます。

また、「いいあいさつができたね」「自分からあやまることができたのはえらかった」、「ルールを守れたね」「朝、自分から起きられるようになったね」「友だち思いだね、人に好かれる人間になるよ」など、できて当たり前だと思われがちなことにも注目して、丁寧にほめましょう。

・ほめにくいときのほめ方

たとえば家出を繰り返す子どもにも、帰ってきたら叱るのではなく「よく帰ってきたな。心配していたよ。もう大丈夫、心配ないぞ」と声をかける。テストで450人中435番だった子は「おっ、スゴイな、きみの後ろには15人もいるじゃないか！」と讃える。そして、どんなに厳しく叱った後でも必ず「最後までよく話を聞けたね、えらいぞ」とほめて終わる。ささいなことですが、そうして前向きな言葉をかけると、曇っていた彼らの顔がパッと明るくなるのです。

・約束の時間より遅く帰ってきたとき↓「ちゃんと家に帰ってきたね」
・物を壊したとき↓「ケガをしなかった？　無事で良かった」
・成績が悪くて落ち込んでいる子に↓「大丈夫、きみの後ろに〇人いるよ」
・叱った後で↓「最後までよく話を聞けたね」

こうして小さなことを繰り返しほめることによって、行動や生活態度も少しずつですが確実に変わり始めます。言葉遣いや声のトーンが柔らかくなったり、他の子どもを思いやるようになったり、ガマン強く人の話に耳を傾けられるようになったり。ほめられることで精神的に落ち着いていくのでしょう。ありのままの自分を認めてくれる人がこの世にいることに気づける。それは人にとって何よりもうれしい安心感です。

ホームに来る子どもは複雑な環境で育ち、社会的には問題児扱いされている子も少なくありません。けれども、どんな子どもにも必ず良い点はあります。私たちはいつも子どもたちを丁寧に見つめ、ほめるポイントを探します。まず言葉を選び、「あなたは愛されている、守られている」ことを伝え、それでも何度もルール違反をしたり約束を守らない場合に叱るようにしましょう。

・ほめることで集中力が上がる

親からほめられた記憶がない。土井ホームには、そんな子どもが大勢います。自分の内面に抱えた、簡単には解決できない問題がストレスとなって、家出を繰り返す子。誰に対しても不信感を持って反抗する子。自分の殻に閉じこもって他人との触れ合いを拒絶する子……。中には、親からひどい虐待を受け続けてきたため「自分は悪い子なんだ」「たたかれても仕方のない価値のない子」と思い込んでしまっている子どもや「畳に横になっている親の背中しか思い出せない」と語る子どもも。

彼らが育ってきた境遇は1人ひとり違いますし、個性もまたさまざま。けれども、ほめられた経験がない子どもたちには、ひとつの共通点が見られます。それは「どうせ僕なんか」―「どうせ私なんて」という口グセです。親やまわりの人から認められた経験がないから、自分の価値に気づけない。自尊感情を持てずにいるのですね。だから何をするにしても自分に自信がない。新しいことにチャレンジするパワーが湧かないのです。

思春期になると「どうせ自分なんて」とすぐ口にする子どもが増えるでしょう。精神的に不安定で、ちょっとした失敗に自信を失いやすい時期だからです。そんな子どもたちは、どんなに反抗的な態度を取って強がっていても、精神的には弱りきっているのかもしれません。

不安な状況にいると人は注意力が散漫になりますが、その反対に安心できる環境の中では集中力が生まれます。家庭とはそもそも、子どもたちにとってどこよりも安心できる「居場所」であるべき。子どもをほめる行為は「ここはあなたの居場所だよ。ちゃんと見守っているよ」というメッセージでもあるのです。

ひとつの種が芽を出し、根を張り、茎を伸ばして、花を咲かせる。たくましい成長の背景には水やりという行為が欠かせません。ほめることは愛情という水やり。親からわが子に対する大事な愛情表現なのだということを覚えておいてください。

子どもとの距離を縮めたいときの知恵

困難な課題を抱えている子どもとの距離を縮めるのは、簡単ではありません。逸脱行動も少なくないので、周囲の大人は消耗してしまいます。しかし解決を急いで距離を一気に詰めようとすると、火に油を注ぐようなトラブルになります。対応が難しい子どもとの寄り添い方をご紹介します。

・まずは子どもの環境を整える

子どもによっては家庭でも児童相談所でも激しい暴力をふるい、自殺を企てる様子を見せるようなこともあります。そのため、児童相談所は措置の際「登校させず、在宅指導で結構です」と言います。

しかし、土井ホームでは「暴力をふるわない大人」に守られながら「3度の食事」や「清潔な布団にくるまれて安心して眠れる夜」「変わらぬ応答的な関係」など安全な日常が約束されます。この約束が守られているとその衝動的な行動が落ち着き、学校への通学、学習もできるようになります。つまり、複雑な課題を抱えている少年も、環境を整え、周囲の大人が適切な対応をすると、気持ちが安定し、暴力行為も落ち着くのです。

まず十分な観察を行い、その子どもの強みと弱みを把握し、その強みを活かす指導を心がけましょう。

・子どもの特性を見極める

子どもの自尊感情は周囲の大人によって育まれます。たとえば、発達障害の子どもの場合、叱責されたときに殊勝な表情を作ることができないことが少なくありません。そのため「反省がない」とさらに叱責され、自尊感情を一段と低下させてしまうのです。

観察なくして、支援なしです。ただ目に見えていることだけが、すべてではありません。観察を通して「同じような失敗をするのは、どうしてだろう」という具合に、もう一歩踏み込んで特性を見極め、その子が抱えている隠れた困難を早く理解し、適切な対応を行いたいものです。

・興味のあることに近づく

「波長合わせ」は、子どもが出すさまざまなサインを読みとり、自身の感情を整理するときや苦しい局面に立ったとき、より良い選択ができるよう援助する働きかけです。

まずは、子どもが最も興味のあることや関心を持っていることに、熱心に耳を傾けてみましょう。得意なことなどがわかったら、一緒に取り組んでみるのもいいと思います。これが子どもの心を開く第一歩。暴力行為が顕著で、言語化が困難な子どもだけでなく、長く引きこもり状態の子どもにも同様のやり方を試みてください。

ケアをする人が波長を合わせていると、子どもはただ行動に反応するだけでなく、その行動の下にある怒りや悲しみ、喜びといった、本能的に感じる「情動」に反応していくようになります。ここでのポイントは行動の下に横たわる情動に対応することです。

・「言葉で伝えてね」と約束する

暴力をふるう、感情爆発を起こす。土井ホームではそのような子どもが入る前に、最初の面接で次のように話します。

「いいかい、困ったときは暴力ではなく、言葉で伝えてね」

「ここには子どもが好きな大人が住んでいる。困ることがあったら必ず助けてあげるよ」

一般に、暴力に走る子どもは、大人に対して強い不信感を持っていることが多いものです。そして困ったときにも暴力という形でしか気持ちを表現する術を知りません。

だから、暴力に代わる行動＝「言葉」の存在を教え、根気よく伝え続けます。その一貫性と継続性が、子どもの断裂していた認知や行動や感情を1本にまとめていく糧となります。

・**メッセージは常に1つ**

大人の皮肉は、子どもの反感は買っても、共感を生むことはありません。一般にコミュニケーションは言葉だけで行うものだと、私たちは考えがちです。しかしメッセージは、言葉と同時に、顔の表情や目の色、身体のこわばりなども相手に伝わっているものです。

たとえば、口では「大丈夫だよ」と言っていても、表情はひきつり身体がこわばっていては、ダブルメッセージとなって子どもに伝わり、混乱させてしまいます。メッセージは、常に1つ。気持ちを整理し、心を込めて言葉を発するよう努めたいものです。

・**気長に、焦らず、待ち続ける**

人が回復・更生に要する時間は、その人の年齢に準じた時間が必要だと私は考えています。長く蓄積されてきた根深い親や社会への不信感を埋めて、信頼できる誰かとつながる。やがて自己のさまざまな体験を踏まえながら「今はこう思える自分がいる」。そんな「物語」を本人が語り始めるまでは、親はもちろん支援者にも気の長い取り組みが求められます。

未来へと続くその「物語」を聞くことができたときの喜びは、何物にも代えがたいものがあります。子どもたちのほうから、絆をつなごうとする私たちを拒否しない限り、先を焦らず気長に「物語」が語られる日を待ち続けたいと私は思っています。

・行きつ戻りつの心構えで

学校教育や少年院における矯正教育などは、入学・入院から卒業・退院までの直線的なプロセスを描く回復・成長モデルです。

しかし、非行少年の回復を図で表すとしたら、直線ではなく「らせん」のようになる場合が多々あります。2歩前進しては1歩後退する、前進と後退を繰り返す……このような円環的な成長発達モデルを念頭に入れた指導が必要だと私は考えています。

子ども支援はマラソンです。結果を早急に出そうとすると支援の基礎が崩壊する恐れもあります。ゆっくり、じっくり。「行きつ戻りつ」の心構えで取り組みましょう。

・いったん切って、つなぐ

ホームや学校内での暴力が重なると、家庭や学校との関係をいったん「切る」ことを視野に入れた処遇検討が始まります。他人の安全を脅かす行為は許されないことと、早期の更生が可能とは考えられないことがその理由です。

子どもの支援は長期的な取り組みで、1つの家庭や施設だけでは解決できない課題も山ほどあります。

だから、社会の中での教育から児童自立支援施設や少年院での教育への方向転換を経て、改めて関係を「つなぐ」過程を検討することもときには必要なのです。忘れてならないのは、切った絆の紐の端を見失わないよう、しっかりと心で握り続けておくことです。

危険行為と向き合うときの知恵

家の中だけでなく外でもさまざまな物を壊す。まわりの人に暴力をふるってケガをさせる……安心して暮らせる安全な日常を一方的に壊す危険行為は見逃すわけにはいきません。大人はどのような態度で対応するべきか。また、危険行為を防ぐために日頃から何に気をつけていれば良いかを考えます。

・安全を守るため譲らない強さを持つ

器物を破損するなど逸脱傾向のある子どもには、「葛藤を抱えさせる指導」を試みてください。「物を壊せば、自分のこづかいが減る」というように、自分の行いが自身の不利益につながることをきちんと認識させることが大切です。

この指導には、大人の側にも根気とともに譲らない強さが求められます。子どもが繰り返し同じ問題行動を起こしても折れない強さ。子どもの言葉遣いや問題行動に対して、ここぞというときには固く限界設定を守り、ときには柔軟に対応しましょう。しかし、万策が尽き、そうした態度を取ることが難しい場合は、周囲の支援者・支援機関に相談しましょう。あなた1人で抱える必要はありません。助けてくれる人は必ずいます。

・「硬質のゴム」の心で接する

一般に、トラウマを抱えた青少年は、混乱した生育環境で生き延びるために、さまざまなテクニック（自己防衛機制）を使います。あることをないようにしてしまうことが特徴である「解離」をはじめ、さまざまな術をもって日常をサバイバルしているのです。そのため、こちらの指導を簡単に受け入れようとはしません。

けれども、児童虐待防止プログラムの専門家であるフランク・W・パトナム氏は、そうした青少年に対して周囲の大人には「石頭」になることを求め、「一貫性」と「継続性」を保ち続けるように推奨しています。同時に、発達の位相に従って柔軟な対応も求めています。つまり、支援者は「鋼鉄の壁」でもなく、「わらの壁」でもなく、柔軟ではあるが意志は硬い「硬質のゴム」の心での対処が重要なのです。

・安全を脅かす行為は許さない

周囲の安全を脅かす行為については、保護者にも厳しい決断が求められます。ときには、児童自立支援施設や少年院への送致がいたしかたない場合もあります。その判断基準は、本人の更生の可能性と家族や同居している人たちの意見です。このままで回復（更生）する可能性があるのか、また同居する家族などがどのような意見を持っているのか。その最終判断の際に、親や家族の心身の安全が最優先ということは言うまでもありません。

児童相談所が対応するほか、警察関連の少年センターや行政関連の少年補導センター、法務省関連の少年鑑別所には経験豊かな専門家や実務家がいますので、相談してみましょう。家族構成、年齢、生育史などを箇条書きにしておくと相談の際にも落ち着いて話せます。メモを用意して相談に行きましょう。

問題を抱える子どもを見守る知恵

発達という成長の過程において、さまざまな問題や困難を抱えて育った子どもたち。社会に牙をむくかのように、非行を繰り返す子どもたち。彼らの成長と自立を支え、見守るための土井ホームの考えと知恵をご紹介します。親や家族はもちろん、支援者の方々のお役にも立てていただけたらと思います。

・第三者の評価を伝える

以前は福祉施設といえば人里離れた場所に孤立するように建てられていました。今では変わりつつあり、多くは地域社会の中にあります。地域で子どもや障害者が生活するとトラブルも起こります。その一方で地域の人たちが声をかけ、愛情のシャワーをかけることによって、地域全体にいい「声がけの輪」が生まれるという長所もあります。

子どもに第三者の評価を紹介して、その子の成長を周囲がしっかり受け止めていることを伝えてみてください。つまり「きみの努力を学校の先生がほめていたよ」と第三者の意見を伝える形をとるのです。このように、二者間の評価だけでなく、第三者の評価を伝えていくことで、子どもの心によりメッセージが伝わります。

障害の有無にかかわらず、子どもの健やかな成長には周囲の大人からの温かな言葉のシャワーが欠かせません。地域の子どもには「こんにちは」「元気がいいね」と声をかけながら、その伸びやかな成長を見守りたいものです。

・「かわいそうな話」で終わらせない

問題を抱えた少年たちを分類すると2つに区分されます。1つは愛情のシャワーをかけ過ぎて、過保護・過干渉のために人格という根っこが根腐れしている子どもたち。他方、無関心や養育放棄のために、愛情のシャワーが足らず、根っこが枯れている子どもたちです。

非行少年は、不幸少年。彼らの生育史は虐待や育児放棄など不遇なものであることが少なくありません。大人や社会を信じようとしない非行少年がなぜそうなったのか。不遇な幼少期を振り返ると、想像を越えるつらい体験と対峙することになります。

私は彼らの話を「かわいそう」な話で終わらせたくはありません。彼らが信じられなかった大人を信じられるようになるには、どうすればいいのか。できることから考えて、実践を試みます。「暴力をふるわない大人」「朝昼晩の3度の食事」「身体の汚れや疲れを取ってくれる風呂」「わずかでも自分で自由に使えるおこづかい」「ぐっすりと眠れる夜」……。私たちが彼らにできることは、当たり前だと思っている日常生活の中にあるのです。

・「はい」「いいえ」で終わる質問はしない

子どもたちに質問をする際、私たちは「なぜ」を使いません。「どうやって?」「どんなふうに?」にと聞くことにしています。理由そのものではなく、内面の動きや過程を言葉で説明させることが重要だからです。

こうした開かれた質問を「オープンクエスチョン」と呼び、対象者から幅広い答えを引き出す際に有効です。たとえば「自分の好きなところはどこですか?」「それについてもう少し教えてください」といった具合です。

逆に、「はい」「いいえ」で答えられる質問や、付加疑問はあまり有効ではありません。たとえば「また友だちを叩いてしまったのですね?」「また約束を破ってしまったのですね?」「また万引きしちゃったのね?」といった質問です。

この他、解決志向のアプローチでは、以下のような質問方法があります。

〈ミラクルクエスチョン〉

「奇跡が起こって明日すべてが良くなっていたとします。それはどんな状況ですか?」

と質問する技法です。目標設定を明確にする役割があります。

〈スケーリングクエスチョン〉

今の状態を点数で評価してもらう質問方法です。「最高の状態を10点とすれば、今は何点ですか？」と聞きます。今の状態を把握したり、前にも良い状態があったこと（例外）を発見したり、より具体的な課題設定のために使われると同時に、治療の進展具合の目安にもなります。

〈コーピングクエスチョン〉

「そのような〈大変な家庭環境〉〈ひどい虐待〉〈ひどいＤＶ〉のなかで、今までどうしてやってこられたのですか？」といった質問（コーピングクエスチョン）を投げかけて、どう対処しているかを話してもらうことが目的です。こうした内なる強さに焦点をあてる質問は、解決志向アプローチ（SFA）、ブリーフセラピー（短期療法）と呼ばれます。

たとえば「死にたい」という人には「死にたいという気持ちがあるのですね。それでも今まで死なずに生きてきたのは、どんなふうにその気持ちをやり過ごしてきたからですか?」「あなたがそんな努力をしていると知ったら、友人はなんて言ってくれるかな?」「どうやったらこれ以上悪くならずに、穏やかに過ごせるでしょうか?」と投げかけます。

・穏やかな日々を与え続ける

夜が眠れない、不安が高まるという生活上の支障があり、精神面の安定を目的に薬物療法を行っている場合、薬をやめることに主眼を置いてはいけません。断薬自体を目的化することが大事なわけではないのです。

重要なのは、愛情のシャワーをかけながら、周囲の大人が日常的にその子の精神が安定するような、穏やかな対応を続けることです。

何気ないあいさつ、3度の食事、存在を肯定する声がけなど、「ここにいていいんだ」と安心して生活できる環境と、信頼できる確かな大人との出会いによって、子どもの内面の回復力(レジリエンス)や強靱でたくましい力(ストレングス)が働き始めます。その結果、気がつくと薬の必要がなくなるのです。
子どもたちにとって、最も有効な薬とは、穏やかな毎日の暮らしなのです。

・感情にラベルを貼ってあげる

子どもに関わる私たち大人は、いくつかの魔法の言葉をストックしておく必要があります。「ありがとう」はその頂点にある言葉で、凍土のように硬く冷え切った子どもの心を温め溶かしますが、「助かったよ」「上手にできたね」なども、子どもの心に染み入る魔法の言葉です。

また、子どもとの会話の中で、彼らが経験した感情に「悲しいね」「つらいんだ」「うれしいね」と、ラベリングをしてあげることも大切。こうすることで子どもは自分の感情に名前をつけることが可能になります。名前のついた感情を心の小箱にしまって、やがて混乱していた心の中を整理できるようになります。

・時間をかけて成熟を待つ

対象である子どもに周囲が働きかけていくとともに、時間をかけてその内面が成熟するのを待ってあげることも忘れてはなりません。現代の社会では、困難をかかえた子どもに対して「待ってあげる」「時間をかけて伴走する」ことができなくなっているのではないでしょうか。支援という介入だけではなく、青少年の内面の成熟を待ち続けるという態度も必要だと私は考えます。

元少年院院長で臨床心理士の小栗正幸さんは「大変な人生の中、よくぞ、悪いことをする元気を残して生き抜いてくれた」と語りました。元気だからこそ生き残れるのです。

・穏やかに応答する

発達障害の子どもにストレスがかかると、さまざまな精神症状を示すことがあります。場合によっては幻聴だけでなく、空笑や独り言を言っている場面に出会います。しかし、そんな自分をからかったり罰したりする人間のいない安心できる環境や、話したことに愛情を持って応じてくれる人間関係が保障されると、子どもは霧が晴れたように安定してきます。

大人の関わり方によって、子どもは大きく成長したり、症状が回復したりします。大事なのは穏やかに対応することです。また、こうした子どもは生涯にわたって支援が必要となります。専門の医師や心理師、学校関係者など周囲に支援を頼む方法も覚えておきましょう。親が1人で丸抱えしないことです。

・その子の特性に合った学習プログラムを

アメリカの義務教育期間では、学校に通わず自宅にいたいと主張する子どもには、家庭を拠点に学習を行う在宅教育（ホームスクーリング）が認められています。こうした制度の下、200万人を超える子どもが学校ではなく、自宅で学習をしています。

日本でも以前に比べて、登校への社会的な同調圧力は減ってきました。1人ひとりの特性に沿った「個別プログラム」を策定し、イキイキと毎日が送れるよう試みましょう。そのためには、よく子どもを観察し、良いところを見極めることです。実行にあたっては、比較的簡単に達成できるような小さな目標を立てて、クリアした達成感を持たせることです。

そして親や家族、支援者は、子どものチャレンジを根気よく励まして伴走を続け、信頼し合える人間関係を築きます。苦々しい表情で伴走していては、ランナーも息が詰まるし、いい関係は築けません。美味しい料理と、言葉による愛情のシャワーやジョークを交えた日常会話が何よりも大事です。

・暮らしの中で社会の仕組みを学ぶ

みんなで出かける食事や買い物も、子どもたちの大切な学びの場です。どのような場面で、何に興味を示すのか。子どもたちの特性を観察し、社会との関係づくりや学んでほしいルールなど課題を教えていきます。机に向かうことだけが学習ではありません。買い物や食事に誘い、売り場で話すことも大事な学習です。簡単な買い物を頼むことから始め、だんだんと社会の仕組みを学ぶように心がけます。

また、子どもにとって、こづかいは大きな関心ごと。土井ホームのこづかい査定は、虐待を受けた子どもにも発達障害のある子どもにもわかりやすい評価方法を選んでいます。大事なのは、努力したことへの評価を目に見えるようにすること。あらかじめ他の施設の2倍ほどのこづかいを用意し、大きな成長を遂げた子どもにはさらにボーナスなどを出すようにしています。

・一度に多くの情報を与えない

自閉症など発達障害を抱える子どもを情報処理の観点から整理してみると、以下のような特性が見られます。

・情報を整理できずに過剰に取り込んで混乱を起こす
・並列処理ができない。1つずつしかできない
・聴覚よりも一般に視覚に強みを持つ
・応用が利かない
・目に見えることは理解可能だが、目に見えないことは理解困難
・過去と現在の区別に困難を抱え、迷子になりがち

・おじさんやいとこといった関係性の理解が困難
・場の空気を読めず、自分の関心を一方的に話す
・聴覚、触覚、視覚、温度や湿度への感覚過敏・鈍麻がある
・目と手などの協応運動が苦手である

つまり、身の回りに情報が多過ぎると、こうした子どもたちは混乱します。多くの人が同時にしゃべったり、行動を起こしたりする場所にうまく適応できないのもそのためです。特に、運動会などの場面は最も苦手です。したがって、家庭の中はもちろん、学校でもマンツーマンまたは少人数での教育体制を整えてもらうなど、適切な環境と対応への協力を仰ぐ必要があります。

・縦・横・斜めの関係性を活かす

土井ホームでは入寮前の試験外泊の後に、すでに入寮している子どもたちにお泊りに来た子どもの査定をしてもらい、受け入れてもいいか、よくないかの意見を聞きます。

子どもから子どもへの評価は、じつに適切なのです。そうした子どもの意見を処遇に反映するところも、土井ホームの特徴です。まずは、子どもたちの観察という試験に合格するかどうか。ここが最初の試練なのです。

また土井ホームでは、暮らしの中の取り組みを大人と子どもとの「縦線」だけでなく、子ども同士の「横線」、年長児と年少児の「斜め線」などを活かしながら行っています。学ぶ力を伸ばす際にも、縦・横・斜めの線を活かし、年齢を越えて互いに教え合う関係性を築いていています。

・「予告」で暮らしを見通し良く

夏休みや冬休みなど、長期休暇の前には子どもたちとスケジュールについて話し合います。自閉症の子どもが多いので、いつ何をするのか「予告」をしておき、「見通し」を持たせることが大事だからです。たとえば年末は、餅つきや大掃除があること。正月はお屠蘇《とそ》に福引、お年玉。そして、元日の夜だけは、消灯・就寝時間のルールがないことも、前もって予告します。「ハレ」と「ケ」の交錯の中に、暮らしがあることを学んでもらうためです。

同じように朝、夕、夜と1日3回「予告」の時間を設け、「見通しの良い」暮らしを心がけることは、毎日の生活にメリハリを持たせるとともに、子どもの安心につながります。

・謝り方の手本を見せる

高いところにある物を取るためには、踏み台が必要です。大人は子どもの成長のための踏み台であると私は考えています。踏まれれば痛いし、汚れる。しかしあえてそうしてあげることが子どもの成長の種になります。その種が大きく芽を吹くためには、子どもが事件を起こした際に、親やケアする大人が関係者に謝罪することは当然だと思っています。

「学び」という言葉は「真似び」からきています。真摯な謝罪と和解のモデルを身近に見てこなかった子どもは、謝罪をする私たち大人の背中を見て、学習（モデリング）していきます。

こうした学習を繰り返していくうちに、やがて大人への絶対的な不信感が消え、たとえ私が目の前にいなくても、私の言動を自分の「ものさし」として行動できるようになります。これを「内的ワーキングモデル」といい、内面に存在する親や教師などの「手本となる大人」が、困ったときに心の中で声をかけてくれるようになることを意味します。私はここが教育やしつけの最終目標だと考えています。

・「ありのままの自分」を受け入れる

自己評価が低い子どもの自己評価を高める工夫は日々、欠かせません。自己評価が高まり、自己肯定感が定着すると、ありのままの自分を受け入れられるようになります。文字通り、長所も欠点もひっくるめてありのままの自分を受け入れられるのです。

そうなると、自然と自分を大切にする行動ができるようになります。相手が境界線を越えてきても、やんわりと拒否することができるし、誰かのサポートを借りて状況を打破することもできるようになります。自己肯定感が高いと相手のそのままを受け入れることができるので、自分も相手もＯＫという「アサーティブ（assertive）」な態度が自然にできるのです。したがって、相手のことを信頼、尊重することができ、相手の領域に踏み入ることも少なくなります。

このように、人は自己肯定感を高めることで他人との境界線が引きやすくなり、同時に境界線を引くことで自己肯定感が少しずつ高まっていくともいえます。境界線を引いて自分を守ることは自分を大切に扱う行為なのです。

・近く・低く・小さい目標を立てる

不登校や引きこもりの子どもにとって、たとえば「登校」という目標は、とても遠く、高く、大きな目標。とても達成できる気がしないため、最初から挑戦をしないのです。

大きな目標は大人目線の目標。子どものやる気を引き出すには、近く・低く・小さな目標を設定することが大切です。

たとえば、部屋から出ない子どもには部屋まで食事を届けるのをやめて「リビングで食べる」という目標を立てる。少し動くだけでいいのです。このように「部屋から出てくる」「近くのコンビニに食料品や飲料水を買いに出かける」といった小さな目標を少しずつ達成させ、挑戦が終わった後には「ありがとう」「助かったよ」という魔法の言葉のシャワーをかけてあげる。「登校」という大きな結果にたどり着くには、このような小さな変化の積み重ねが大切なのです。

・「今日1日」を支えることに力を注ぐ

非行や逸脱、依存の子どもに、その歩んできた物語を聞くと、非常に困難な人生であったことがわかります。虐待など劣悪な養育環境や不適切な親子関係がある一方で、本人自身が育てにくい資質を有しており、多動やこだわりの強い性質が背景にあることも少なくありません。

けれども、そうした「危険因子」に注目するより、本人を取り巻く社会的資源を増やすように取り組むことが求められます。「今日1日、○○しない」。そうした誓いを共有してくれる人と歩むことが、子どもの離脱・更生へのいちばんの近道なのです。

・池の波間に消える小石を投げ続ける

諸外国の子どもと比較して、日本の子どもの自己評価は際立って低いことをご存じですか。日本を含めた7カ国の満13〜29歳の若者を対象とした意識調査（「我が国と諸外国の若者の意識に関する調査」平成30年度）によると、自己肯定感の項目で「自分に満足している」と答えた若者がアメリカの86・9％に対して、日本は45・1％と際立って低かったのです。

何かにチャレンジしようという意欲は、自己評価の高まりの中で出てきます。だからこそ、土井ホームに新しい子どもがやってくるたびに私たちは、「良いところさがし」など彼らの自尊感情を引き上げる取り組みを行います。

激しい虐待を受けた子どものトラウマ治療は、支援者に途方もない時間とエネルギーを要します。前進したかと思えば、後退している。ちょうど池に小石を投げても波間に消えていくようなものです。けれども、見えない池の底には小石は必ず堆積していると信じて、今日も明日も小石を投げていく。支援者や支援の場が交代することもありますが、交代しても投げ続けていれば、やがて池の底に堆積していた石の山はその姿を水面にのぞかせるでしょう。投げ続けることが大事なのです。

・**煮詰まったら距離を置き、帰ってきたら受け入れる**

親から激しい叱責などを受けて育った子どもは「闘争」か「逃走」の反応を見せることが多いものです。前者を選んだ場合は、周囲に激しく闘いをしかけてきます。それは子どもが生き残るために選んだ「生存をかけた闘い」なのです。

このような場合は関係性の再構築や、子ども自身が怒りの感情を認識する時間が必要です。あらかじめ対峙する時間を決めておき、話し合いが煮詰まったらいったん距離を置いて、互いに冷静になる時間を設けてほしい。そうすることにより、子ども自身も混乱していた感情を整理し、怒りをぶつけたいという衝動を抑えるきっかけにもなります。

また、社会に牙をむき、警察沙汰になるような非行を繰り返す子どもも、丁寧に観察していると脆《もろ》く弱い一面を持っていることに気づきます。多くの子どもが無断外出、無断外泊を行い、無賃乗車をして戻ってきます。それでも私は、土井ホームという「家庭」が、彼等にとって無賃乗車という罪を犯してまで帰りたかった居場所ならば、たとえ1

日でも「帰りたい」という願いをかなえてやりたい。そうすることで非行少年に「自分にも帰っていい場所がある」ことを学んでほしいと願っています。

・面会に通い続ける

少年院では社会との関わりが薄れるため、入院すると社会から見放されたような気持になる子どももいます。一方で、非行の誘惑が絶えない社会と違って、自由が制限され、規律正しい少年院での生活は、荒れ狂っていた子どもの精神状態が落ち着くいい機会でもあります。少年院の法務教官が行うのは、罰ではなく教育です。少年院に子どもが行くのは、長い目で見れば本人のためです。

実社会から離れて、どんな心境の変化があったのか。更生の芽が出ているのではないか——。少年院に送致され、土井ホームとの関係が切れた子どもでも、私が必ず面会に行く理由はそんな可能性を信じているからです。面会は「お前を信じている大人がここにいるぞ」というメッセージ。伝え続けることが大切です。

・自立後も支え続ける

現在、刑の一部執行猶予制度が生まれ、刑務所での懲役など施設内処遇の執行を一部猶予するなど、社会で処遇する流れが加速しています。そんななかで重要なのは、非行少年を抱える家族が子どもを包容する力を維持できるように支えていくこと。そして、そんな家族さえ持たず土井ホームにやってきた少年たちには、たとえ自立後であっても変わらぬ支援が欠かせません。

少年院に行った子どもでも、絆を断つことなく繰り返し面会に赴き続けると、土井ホームへの再入所後の行動はすっかり落ち着くものです。困難を抱える子どもは右肩上がりの直線的な成長・回復を考えるのではなく、1歩進んでは2歩退がり、2歩進んでは1歩後退するような円環的なモデルがふさわしいと私は考えます。ゆるやかな回復の途中で出会った確かな大人との交流が、子どもたちを回復、成長させてくれる。だからこそ、少年たちには再度のチャンスが必要なのです。

保護者に寄り添うときの知恵

愛情はあっても、家族としての共同生活はうまくいかなかったというケースは珍しいことではありません。家庭だけでは解決できなかった問題が、関係機関との連携のなかで落ち着くケースは多いものです。家族から見放されても仕方ないような行動の子どもも少なくないのですが、それでも親の内面には子どもを思う気持ちがある。そう実感できる場面をこれまで私はたくさん見てきました。子どもの支援は親の支援。子どもだけでなく保護者とも長く寄り添い続ける土井ホームの取り組みをご紹介します。

・直接会って信頼関係を育む

役所のようにカウンターで相談を待つのではなく、親と直接会う。それが私の信条です。電話やメールで連絡を取り合うのはもちろん、割と早い段階で預かった子どものお母さんやお父さんのところに連絡し、場合によっては私が出かけていきます。

親の心の中に眠っているわが子への愛情の泉を掘り起こし、子を思う気持ちを支え、どのように接したら良いかアドバイスする。こうした取り組みを通じて、家族が一緒に歩むようになると、子どもの回復や成長にも著しい成果が表れるようになります。まさに子ども支援は親・家族支援でもあるのです。

直接会って信頼関係を育む上では、自分が感情的になりそうになったら妻や他のスタッフと交代してクールダウンを図り、冷静な対処を心がける。また面接がこじれたら、タイムアウトを宣言して、冷却する時間を取り、落ち着いたところで再開する。そして、さまざまな社会資源（児童相談所、大学教員、保健師）を活用し、連携します。

・魔法の言葉を使う

人間の交流において重要なのが波長を合わせる行為です。「波長合わせ」の入り口とは、相手の興味や関心に焦点を合わせて、その下にある情動にあわせること。親子や夫婦間の場面でも職場でも重要な行為です。

だから私たちは常にコミュニケーションの意味を考えています。波長を合わせるためには、ねぎらいとか共感といった安心感を持たせる「魔法の言葉」を常にポケットに入れておく必要があるのです。
「魔法の言葉」の一例を紹介しますので、ぜひ参考になさってください。

共感……つらいんですね
愛着……そのままでいいですよ
受容……いてくれるだけでいいですよ
同意……そうなんですね
安心……だいじょうぶですよ
慰労……よくがんばってこられましたね
尊敬……あなたって、すごい
感謝……ありがとう

・金銭トラブルを解決する
波長を合わせて会話ができるようになったら、経済的な問題の解決を試みます。法的、経済的な問題を抱えたままでは、親子関係も好転しづらいからです。

私の場合、まず、金融会社からの督促状を全部出してもらいます。借り入れが「癖」になっている場合は、目の前のことに追われて、長期的な視点が持てなくなっていることが少なくありません。「お母さん、経済的に大変ではないですか？　金融会社からの督促状を出してみませんか」と促して目の前に督促状を全部出させ、整理して、裁判所で自己破産の手続きを行います。

弁護士と連携して、国が設立した法的トラブル解決の案内所「法テラス」も活用します。経済的な解決は、家庭内のさまざまな荷を下ろす手伝いになるのでとても重要ですし、一緒に役所まで同行することもあります。気づきや認知、内面の問題の心理的解決にソーシャルワーク的なサポートが加わり、ようやく親子関係の再統合、家族の再生は進み始めます。

・支援の手を拒む理由

金銭的、社会的にどんなに困っていても、差し出される支援の手を握らない大人がいます。幼い時の体験から社会を信頼できず、支援を上手に利用できず、働きかけることを学ばないまま親になった人たちです。彼らはこれまでの人生において「信頼できる人との出会い」がなかった。孤立が現代社会の大きな問題、病理であると、改めて痛感します。

人は育ちの上で傷つくと、精神症状や身体症状などさまざまな症状を見せます。対人関係でも不調になりますし、依存や非行で困難をなんとか乗り越えようともします。同時に、そうした過去の事実に心理的なフタをし、否認してやり過ごそうとする人もいます。

ただし、人間は転覆したヨットが元に戻ろうとするように、無意識のうちにそうした傷を回復しようとするものです。他人への操作だけでなく、自分の内面での心理的操作でも乗り切ろうとします。周囲から見ると破綻のように見えて、それはより大きな破綻から自分を守るために行っている行動であることも少なくありません。だからこそ、精神的にも心理的にも支えて、信頼できる人との関係の中で、抱えている問題を1つずつ解決する姿勢が大事なのです。

トラブルを解決するときの知恵

わが子がご近所に迷惑をかけた。学校で問題を起こした……。子どもが起こしたトラブルを解決する際に私が気をつけている点や、トラブルを未然に防ぐために心がけていることをご紹介します。

・問題は1つずつ解決する

子どもが1つ問題を起こすと、次々とトラブルが連鎖し、とても1人では対応できなくなります。しかし、海にたくさん浮かぶ島も1つずつしか渡ることができないように、どんなに器用な人間も一度に多くの問題を解決することはできません。自分のなかで問題が処理できない時は「1つずつ」と自分に言い聞かせましょう。1人では解決できそうもない問題が出てきたら、専門家に協力を仰ぐことです。

たとえば「学校に行きたくても行けない」。不登校の子どもはそんな葛藤のなかにあります。どうしても行きたくない子どもをその理由も聞かず、無理やり学校へ行かせても、私の経験上良い結果は生まれません。理由に耳を傾けることも大切ですが、もし理由を話してくれなくても、その子を責めないことです。「学校に行くか行かないか、自分で決めなさい。どちらでも私たちはあなたを応援するよ」。この一言で子どもは安心し、周囲に心を開きやすくなります。

・一緒に楽しむ

スマホやゲームの問題も親の悩みになります。なぜ子どもがスマホを手放せないのか？　その理由を探るには、まずは本人がスマホを通してハマっているゲームやウェブサイトの話題を共有してはいかがでしょう。ゲームなど親も一緒にやってみることです。野外で歩いてモンスターを捕獲するゲーム「ポケモン」が話題になりましたが、親子で楽しんでみるのもいいのではないでしょうか。子どもの好きなことに心のチャンネルを合わせておくことは親子間の距離を縮める上でも大切です。

もしも実生活でさまざまなトラブルが発生するようであれば、そこで初めて規制をします。その規制も本人の同意をあらかじめ得て、約束しておくことでうまくいきます。

本人自身も「やめないといけない」と自覚していながらやめることができない場合もあるからです。約束した内容は紙に記して目につく場所に貼るなどして、明確にしておくとなお良いでしょう。

・肯定型で約束をする

子どもが何か問題を起こすと、親は声を荒らげて叱りがちです。大事なことは、事前に「これはしてはいけないことだ」と約束をしておくこと。その際に、たとえば「夜9時以降にスマホを使ってはいけません」ではなく、「夜9時まではスマホを使えます。朝は必ず7時に起きます」というように、肯定型で約束しましょう。

もし実行できなかったら、スマホを預かるなど子どもの行動を規制します。そして、「翌朝7時に起きられたら返すからね」と再度約束をします。こうした連続性の中で、少しずつ自己統御の力が身についていきます。また、約束を繰り返すことで、子どもは約束によって「自分が守られている」ことを認識し、保護膜の中にいることを実感するようになるのです。

・ルールは親子で守る

国内で初めて「ネット依存外来」を開設した国立病院機構久里浜医療センター（神奈川県）では、スマホやパソコンとの付き合い方のポイントを以下のように説明しています。

・親の名義で購入し、子どもに貸す形をとること
・買う前にルールを作り、紙に書いて目につくところに貼り出すこと
・ルール違反には「翌日は使用禁止」などのペナルティーを実践すること。一度の違反ですべてを取り上げるのは好ましくない
・オンラインゲームで課金をせずに楽しむには時間が必要になるので注意すること
・親もルールを守り、模範となる使い方をすること
・リビングなど、家族がいる部屋で使うこと
・親に無断でオンライン決済をしないこと
・スポーツなど五感を使うことで、現実の世界を大切にするよう導くこと

注目してほしいのは、「家族で決めたルールは親も守る」という項目。一方的にルールを押し付けると、子どもも反抗します。一緒に同じルールを守ることで親子の間に結束力が生まれ、目標を達成しやすくなります。

マイナスが多いほど、プラスの喜びは大きい

親が子どもを育てると言いますが、子どもの存在が親を親にしてくれるのもまた事実です。子どもの更生や成長を糧に元気を取り戻す親は大勢います。親子が一緒に生活することが望ましいのは言うまでもありません。しかし、どうしてもそれができないのなら、子どもを一時的に手離し、代わりの家庭的な環境で社会的な親と過ごすことが、親子の最善の利益につながることがあります。

子どもを一時的に手放す際、弓をいっぱいに引くイメージを思い描いてください。マイナスが多いほど、プラスである成果のよろこびは大きいものです。それはどこか、弓を後ろへ後ろへと引くほど、矢がうんと前に飛んでいくのとよく似ています。子どもと親をしっかり受け止めることは苦労も多いけれど、やがて親子の気持ちが揃って前を向

き、力強く飛んでいくことを常にイメージしていくことが大事です。

「家裁調査官に会いに行っていいですか」「弁護士さんに会いたいのですが」。子どもは逸脱行動や非行を通じて、警察官や弁護士、家裁調査官、少年院の法務教官、保護司など、社会の確かな大人と出会い、その関わりを通じて、更生や回復の途を歩み始めます。その意味で、非行は子どもたちにとってマイナスの意味だけでなく、プラスの意味もあるのです。子どもは非行してまで元気に生き抜いて、確かな大人との出会いの瞬間を待っています。

親とは、子どもが安心して迷惑をかけられる存在

子どもが成長する過程で、ほとんどの親は「このクソババア」「クソオヤジ」というような悪口を子どもから言われますよね。でも、皆さんも子どもの頃は母親のことを「クソババア」と言っていませんでしたか。たとえ言わなくても、心のどこかでそう思って、大人になってきたのではないでしょうか。

「親に向かってそんなことを言うなんて」と怒る気持ちもよくわかります。しかし私は、

親とは、子どもが成長・自立する過程でそのように思われても仕方のない存在なのだと思っています。長いこと土の中で生きてきたセミが脱皮して、青く大きな空に飛び立っていくようなもの。それほど親とは子どもが安心して迷惑をかけられる存在なのです。育児は子どもが親に依存し、迷惑をかけるものであり、それを親は厭《いと》わず、そうした行為と心情を愛と名付けて、子どもを愛おしんでいるのです。

インドで親は子どもに「人に迷惑をかけて生きているのだから、人のことも許してあげなさい」と諭すそうです。どんな人でも1人では生きていけません。土井ホームでも、ホームを出て10年経った頃、「当時はご迷惑をかけました」と謝罪にくる子が少なくありません。私たち自身が大人になるまでには、親や周囲の人に迷惑をかけているのですから、今度は安心して迷惑をかけられる存在になりましょう。それがひいては愛の本質を知ることになります。

第5章

土井ホームの挑戦

家族再生、実現に向かって

「孫は一生、精神科病院暮らしだと思っていました。今こうして一緒に普通の暮らしを送れるようになったのは、土井ホームのお陰です」（祖母）

「まさか親子で正月を迎えられるとは。親子、兄弟が激しく対立して流血騒ぎに。警察官が付き添って医療保護入院したことがウソのようです」（母親）

「児童心理治療施設で担当していましたが、まったくお手上げで専門家としての自信を喪失して数年うつ状態でした。当時担当していた子どもが、土井ホームで普通の暮らしをしているのを見て驚きです」（児相課長）

「退院して普通の暮らしができるとは思いもしませんでした。一生退院できないのではないかと心のなかで思っていました」（児相職員）

40年を超える子どもとの暮らしを通じて、家族の再生が実現し、家族や関係者のこうした言葉の数々は、その子どもの行く末を案じた人だからこその本音だと思います。

数多い事例の中には、後で振り返ると予後の悪いケースも少なくありません。では、どのような条件が整えば、希望につながる結果をもたらすことができるのでしょうか。

1つずつ事例を振り返ってみると、やはり、対立して疎遠になっていた家族からの歩み寄り、教育、福祉、医療、司法・更生関係者の惜しみない努力が重なったときにのみもたらされると言えます。

モーツァルトの生誕地で知られるオーストリアのザルツブルグにある塩坑に投げ込んだ小枝が、数カ月後には白い塩の結晶で覆われ、白く輝く無数のダイヤモンドのように見えるように、土井ホームの働きが核となり、そこに家族や関係者の努力がつながって、結晶作用を起こしたのです。

当然、結果が形になるまでには時間が必要です。さまざまな要素が熟成されていく上で、そうした熟成発酵の時間が必要不可欠なのです。特に家族が子どもの回復に関心があるかどうか、そのタイミング、情報の提供の仕方にも配慮が必要です。それまで関係者には「待つ」という忍耐も求めます。「時熟」――それは「能動的に待つ」ことです。

私たちには、ホームにやってきた子どもの性格や能力を適切に理解し、家庭や学校での困難、つまずきの原因はどこにあったのか、把握することがまず求められます。その上で立てられた子どもへの見立てが間違いないものか、ホーム内部で話し合います。専門家と協議し、その方針を毎日の暮らしで実行し、同時に学齢期の子どもであれば学校にも伝え、子どもへの対応が家庭でも学校でも同一のものさしで対処するようにします。

こうしたたゆまぬ努力と積み重ねで、極めて困難な事例が解決していったのです。

土井ホームの3段階の取り組み

土井ホームは、子どもたちが安心して暮らせる24時間の生活を提供しています。とりわけ子どもたちが長年にわたって剝奪されてきた「安全感と見通しを持てる」世界。これを日々の生活のなかで保障するように努めています。それと同時に、子どもたちが自身の問題行動の背後にある傷つきや葛藤と向き合えるよう、必要な力を身につけるように促しています。そして、少しずつ、他者への信頼感とセルフコントロールの力を取り戻せる援助を行っています。

土井ホームの暮らし。それは、一緒にご飯を食べ、笑い、皿洗いやゴミ出しなどお手伝いをして、ケンカをしてもそれを乗り越えて一緒に遊び、絵本を読んでもらう。学校の宿題の朗読をご飯の用意をしながら背中越しで聞く大人たち。

ときには叱られてへこんで泣いたって、子ども同士が同じ布団で寝れば同じ朝が来る。それは、壊れた絆を取り戻そうと懸命に生きる子どもと大人たちの、平凡だけど大切な日々の暮らしなのです。

このように、土井ホームでは24時間生活をともにする利点を活かし、子どもたちに対して「暮らしのなかの治療」を行っています。「暮らし」が本来抱えている心と身体への復元力を最大限に活かせるようにしていますが、その取り組みを「安全」「相互性」「自立」の3段階に分けて整理してみましょう。

・第1段階　安全を保障する

土井ホームでは、睡眠や食事が十分に取れなかった子どもに、安全感のある環境を保障します。安全なくして回復はありません。豊かな食事と安心して寝る場所の提供が子どもの回復を促すのです。

ある子どもは、「僕は毎年アメリカのディズニーランドに家族で行っていたんだ」と語りました。私はその子どもの置かれていた環境を考えて、そうした物語（ファンタジー）を創作してしか、自分を保つことができないのだろうと推測しました。1年が経ち、ホームが安全な居場所とわかったのでしょう。彼は次のように語りました。

「僕は9人兄弟。6畳と3畳2間の家に寝るところがないので、お風呂場のすのこ板が僕のベッドでした」

当時、厚生労働省の基準は畳1枚に子ども1人。6畳の部屋に6人が生活してよいという基準でした。その後、畳1枚半に子ども1人と基準は変わりましたが、思春期のさまざまな傷つきを抱えている子どもたちをこのような空間に押し込めることは、かえって回復を遅らせます。

貧困家庭の子どもだから、虐待を受けた子どもだからと処遇するのを劣等処遇といいます。子どもの健やかな成長と発達を保障することは、私たち大人の責務であり、子どもの権利条約や児童福祉法に記されている理念です。

そこで土井ホームでは、1人1部屋へと住環境の改造を始めました。さらに女子向けの一戸建てを購入し、18歳以上の青少年向けの「おかえりハウス」の建設も行いました。

こうした居住環境を整えることは、ハウジングファーストと呼ばれ、子ども支援の最優先課題です。

それと同時に、豊かな食事の提供も重要です。現在、子どもの孤食、栄養の偏りを回避しようと各地で「こども食堂」が開設されています。NPO法人全国こども食堂支援センター・むすびえの発表によれば、その数は2018年調査の2286カ所から2020年には4960カ所、2021年には6014カ所と急増しています。開催頻度は月1回、または月2回が主流です。

しかし、土井ホームに来たある子どもは、自身の食生活の過酷さを、次のように語ってくれました。

「部屋の電気、水道、ガスが止まり、深夜、団地の公園の水道に水を汲みに行った。それを飲み、顔を洗った。お腹がすくので夏休みでも学校に行って教師が作ったおにぎりを食べ、コンビニで廃棄された弁当を食べていた」

この兄弟4人が近くのスーパーに行った際には、餓死を恐れた万引き防止の保安員が見て見ぬふりをした。栄養失調が長期になる影響を心配した校医が高栄養のスープを飲ませたと記録にあります。

このような子どもが土井ホームに来ます。月1回の食事でなく、毎日3度、栄養価の高い食事の提供が欠かせません。こうした子どもたちは極端に低身長低体重であることが少なくなく、それまでの過酷な生活が影響していると推測されます。

児童福祉の先駆者である石井十次は明治時代、岡山孤児院に1000人を超える孤児を受け入れ、「満腹主義」を唱えて実践しました。石井十次には到底及びませんが、土井ホームでも一時、公的支援のない子どもをふくめ20人近く預かっていた時期がありました。

過酷な生活を強いられてきた子どもたちに、土井ホームでは「心満たす前に腹満たせ」という言葉をモットーに、まず豊かな食事の提供に努めてきました。驚くべきことに、朝からどんぶりで3杯、なかには7杯食べる子もおり、そのために毎月大量の食材を購入しています。「日本の農業を支えているのは土井ホームです」という講演会のギャグも、そうした土井ホームの取り組みを表現するものです。

食事の場こそ、じつは「心満たす」場でもあります。食卓で語られる子どもの声に耳を傾け、応答します。こうした会話によって、子どもの内面における回復力（レジリエンス）や、強靭でたくましい力（ストレングス）が自ずと発揮されてきます。

子どもたちへの応答とは、子どもたちの持つ負因（リスクファクター）に注目し、子どもの抱える心理的な障害をなくすことにのみ神経をとがらせるものではありません。障害は往々にして皮膚の内側ではなく、皮膚の外側の社会自体にあるものです。

確かに、土井ホームでもそうした子どもの負の遺産に注目した「リスク管理モデル」によって子どもを支援していた時期がありました。

しかし、現在では環境を整えながら行う、子どもの「良いところさがし」などの「長所基盤モデル」をより重視しています。低下した自尊感情の向上、周囲との信頼関係の確立が子ども自身の回復への階段の第1歩であるからです。周囲の大人を信じ、自分を信頼できてこそ、子どもは自立の階段を上るのです。

このように土井ホームでは、診察室や心理治療室とは異なり、「暮らし」が持つ豊かさを生かした取り組みを今日も行っています。

・第2段階　相互性を養う

土井ホームでは、子どもが主体的に選択をする力を身につけ、相互に支え助け合っていく関係が育まれています。大人と子どもという縦線だけではなく、子ども同士の横線、年長児と年少児との間の斜め線というホーム内のさまざまな関係性の中で、社会性やコミュニケーション能力を養うのです。地域コミュニティーにおける奉仕活動や被災地への支援活動など、子どもの自治活動を通じた主体的な生活や取り組みがここでは重視されます。

ご近所のおばあちゃんからの、梅の木になった実が取れないという訴えに、早速子どもたちと出かけます。

「高いところはまかせてください。高いところに上るのが好きなんです」

子どもたちはかご一杯になった梅の実を渡し、お礼に梅ジュースをもらって意気揚々と帰ってきます。

また、頭の地肌が洗えない子どもを年長児が一緒に入浴して洗うこともあります。言うことを聞かない年少児に向かって、「そんな態度なら一緒の風呂に入ってやらないよ」と言った年長児。その年長児が恐がりで1人では寝られないことを知っている年少児は、「いいもん。一緒に寝てやらないもの」と返し、困った年長児が土下座して「お願いします」と言い、周囲に笑いを呼ぶそんな光景もあります。

こうした取り組みは「診察室での治療」（医療モデル）ではありません。「心理治療室での治療」（心理モデル）でもありません。「暮らしのなかでの相互治療」（生活モデル）なのです。暮らし自体にさまざまな工夫が巧みに織り込まれています。長期不登校の子どもたちが、こうした毎日の暮らしで自信を取り戻し、学校復帰を果たしているのです。

また、専門家、実務家と積極的に連携協働を行うなど、社会的資源も活用しています。ここでは土井ホームは閉ざされた空間ではなく、開かれた空間として、多くの専門家や実務家の協力、温かいまなざしのなかで子どもたちの成長を図っています。

そして、仮に子どもが非行で少年院に送致されても、引き続き面接訪問を繰り返し、ホームへの再入所も可能です。土井ホームでは、少年院さえ社会的資源なのです。

また、子どもにとどまらず、累犯障害者や依存症者、ホームレスなど、さまざまなレッテルを貼られ、ともすれば社会の周縁で排除され、行き場のない人たちも土井ホームの日々の暮らしの環の中に迎えています。疲れた身体と心を癒し、心の奥底で小さくうずくまっているままの子どもを呼び戻し、元気を取り戻したら社会へまた送り出していくのです。

・第3段階　自立する力を育む

土井ホームでは、子どもたちの社会的な自立が大きな課題です。さまざまな社会体験を通じて、自立を模索していきます。それと同時に「いつまでいてもいいよ」「いつでも帰っておいで」と声をかけて、重い課題を抱えた子どもたちにとっては、猶予や再挑戦が可能な環境になっています。

じつは、家庭的環境を失った子どもは、15歳で自立を強いられてきた時代が長く続きました。近年は18歳です。しかし、親から十分な愛情をかけられなかった子どもが18歳で自立することは非常に困難です。だから土井ホームでは「いつまでいてもいいよ」「いつでも帰っておいで」としているのです。土井ホームでは、自立時期を決めるのは子ども自身なのです。

令和4年2月3日、厚生労働省は、虐待や貧困などで児童養護施設や里親家庭で暮らす若者の自立支援の年齢制限を撤廃する方針を固めました。現行は原則18歳（児相判断で最長20歳まで延長、以後本庁判断で大学卒業まで可能）が上限でした。これに対し、年齢で区切らず、施設や自治体が自立可能と判断した時期まで支援を続けることを可能とする内容で、社会保障審議会専門委員会が児童福祉法改正に向けた報告書を取りまとめました。

「いたいなら、いたいだけいていい」

国家的な支援の乏しい中で取り組んだ土井ホームの小さな挑戦が社会に受け入れられ、前進したことを心から歓迎したいと思います。

子どもだけではありません。土井ホームではその親や家族に対する支援も行い、家庭復帰、家族の再統合も模索します。子どもが親元に帰るまでにはさまざまな困難が立ちはだかります。そうした家族や親が抱える精神医学的問題や経済的な困窮の1つひとつを解決へ向け丁寧に支援しています。

また、自立後の再犯者にも直ちに駆けつけ、関係機関との協議のもとに被害者への弁済、公判での情状証言や中告書の提出などの司法福祉的な支援、これに併せて居住や就労などの社会復帰への支援を行っています。

こうした支援は、子どもの成長発達や家族の変化に即して柔軟に進めます。その意味では、土井ホームの取り組みは、第1段階から第3段階に向けた「直線的な回復モデル」でなく、行きつ戻りつする「円環的な回復モデル」なのです。

子ども自身の傷ついた体験を含めた「物語の創出」が土井ホームの支援のゴールですが、急いではなりません。子ども支援、人への関与はマラソンなのです。

これまで述べた課題の1つひとつは、児童福祉の関係者に意識されながらも社会ではなかなか実現してきませんでした。小さな土井ホームの取り組みとして、すべてうまくいったわけではありませんが、その課題と必要性を示しえたといえましょう。

興味・関心のあることに光を当てる支援

私が主宰運営する土井ホームにやってきた子どもたちは、社会から「見込みなし」とされた子どもたちです。社会性（対人交渉）やコミュニケーションの質の障害、想像力の欠如といった三つ巴の問題を共通して抱え、周囲からの適切な理解と支援が得られなかったために、自尊感情が著しく低下した状態でやってきます。被害的な認知の固定化を起こしていることも少なくありません。

自閉症の子は、能力に「揺らぎ」のある凸凹ちゃんです。あるいは、能力のメリハリが利いた子どもたちともいえます。彼らと向き合う中で私たちは、できないことに焦点を当てる（リスク管理モデル）のではなく、できること、興味・関心のあることに光を当てて支援する、生活を組み立てていくこと（長期基盤モデル）が重要であることを改めて学んでいます。

他にも、発達性協調運動障害（不器用）、学習障害、相貌失認（他人の人相が認識できない）、共感性の乏しさなどの困難も抱えています。とりわけ、感覚過敏（鈍麻）の問題は、彼らの生活を一層困難にしています。こうした困難を周囲が理解しないために、本人は不安に陥り、それが「こだわり」となって表れてくると考えられます。こうした困難を早く発見して適切に対処することが求められます。

優秀な頭脳を持ちながら、テストは0点。国立の精神科病院から児童心理施設を経由してやってきた雄一は、際立って優れた読字能力を持ちながら、字が書けませんでした。深刻な書字表出障害でしたが、1年間かけて自分の名前を書く練習をしました。

また、雄一は感情統制がうまくとれず、何かあると飛び出して道路の真ん中で大の字になって泣き叫びました。介入の仕方が悪いと大人でも子どもでも首を絞める始末です。興奮している雄一に「大丈夫だよ」と声をかけながら、火事を告げる半鐘のように鼓動する心臓が落ち着くように、その心臓の動きに合わせて軽やかに背中をたたきます（タッピングタッチ）。こうして3カ月で雄一は何かあると壁に向かって1人で興奮が収まるのを待つようになりました。

学校復帰への取り組みも、学校の校門の看板を見て帰ることに1カ月、敷地に入るのに1週間を要しました。校長へのあいさつ、PC教室の見学、図書室の見学には1カ所につき各3日間。教室に入ってからの滞在時間は15分、30分、1時間と段階的に伸ばしていき（スモールステップ）、最終的に私の見守りなしに登校できるようにしました。

書字にも困難がありますから、三択問題の作成とレ点を入れるだけの試験を学校に要望して実現するなど、本人を取り巻く周囲の環境についても整備をしていきました。高校受験では4つのお願いをあらかじめ県の教育委員会に届け出て、見事合格をしました。このように、本人の資質を上げる努力と周囲の環境を整える取り組みが、車の両輪のように求められます。

ともすれば支援者や親などの養育者は、本人の固執性を否定的にとらえ、その典型的な自閉的行動を減衰させることを急ぎます。ところが、このような典型的行動や固執性の背後には本人の不安があり、これを排除しようとする不適切な介入があった場合、逆に持続的なストレスがかかり、幻聴などの精神症状を見せることさえあります。その結果、入院するか、ときには少年院などに送致され、その後、土井ホームにやってくる子どもも少なくないのです。

こうした子どもが抱える困難を暮らしの中で観察し、その特性を理解し、環境を整えること、特に刺激を減らす配慮をし、毎日を見通しの良いスケジュールにすることで、子どもは際立って落ち着いてきます。支援者は、こうした本人の持つ「こだわり」を活かし、建設的な方向に誘導することが望まれます。

暮らし自体がトレーニング

大事なことは、日々の暮らしの中で子どものトレーニングを行うことです。さまざまな工夫を暮らしの要素に溶け込ませておくことです。子どもに家事のお手伝いをさせて、「ありがとう」「助かったよ」「上手になったね」という「魔法の言葉」を繰り返しかけることで自尊感情が高まります。食後の何気ない会話の時間によって同じ時間と空間を共有した子どもたちは、自然と「食事のときは楽しい会話をしよう」と互いに声をかけ合うように。こうした環境の中で、興味のある「ヘビ」の話しかしなかった壮一も、さまざまな分野の話題を提供できるようになりました。

このような相互に支え合う取り組みで着実に子どもたちは成長し、大人への愛着を形成していきます。食後に、私たち夫婦や妹の背後に回って肩を揉もうとし、本来人への関心の薄いはずの子どもたちが私たちの誕生日や記念日にプレゼントをしてくれるのは、その紛れもない証拠です。

「自閉症の子どもの魂ってなんてピュアなの」「私は自閉症の子どもとともに暮らし、

その子たちを見守り見守られて人生を終えたい」と語る私の家族に、各地から来たこうした子どもたちが迎えられ、そのまなざしのもとに暮らしています。

行きつ戻りつしながら、その成長・発達は必ずしも一直線ではありません。毎日の取り組み・働きかけは、まるで池に投げ込む小石のように、水面下に消えてしまいます。しかし、私たちには想像力があります。投げ込んだ小石、子どもの行動への称賛「ほめ言葉」は目には見えなくなるが、子どもの心という池の底に堆積し、積み上がっていくことを。そして、やがて積み上がった小石が水面に顔を見せる日が必ず来ることを確信しています。その日までたゆみなく小石を子どもの心の奥底に投げ入れていきます。暮らしの中でさまざまな工夫を凝らしていくという創造力こそが、その力の源泉です。

大丈夫です。子育てに悩むあなたは、まず、あなた自身にそう声をかけてください。その心の声は子どもや家族、周囲にも必ず伝わっていきます。今一度、ぜひ力強くあなた自身にこう言ってください。

――「大丈夫だよ」と。

あとがき

子どもの誕生・成長とともに、親も変化していきます。子どもの社会的、心理的な自立にいたるまで親は関与し、その権能として親権が与えられています。

２０１８年６月13日に民法が改正され、周知期間を経て、２０２２年４月１日から成年年齢が現在の20歳から18歳に引き下げられました。１４６年ぶりの改正です。

民法の成年年齢には大きく２つの意味があります。「１人で契約することができる年齢」であり、「父母の親権に服さなくなる年齢」という意味です。携帯電話の契約、１人暮らしの部屋を借りる、クレジットカードを作る、ローンを組むことなどが親の同意を必要としません。また、自分の住む場所、進学や就職などの進路決定、学校の退学も高校生同士の婚姻も可能となります。民法上の大きな変化です。

半世紀前、私は18歳でした。親元を離れ、大学に入学しました。

複数の総理大臣や日銀総裁を輩出した旧制高校が前身だけに、街全体が「学生さん」を包んで支えてくれていたように思います。大いに青春を謳歌しました。

毎月1回両親から段ボールが届きました。開梱すると数冊の本とともに、野菜や果物が出てきます。買えばわずかな価格の物ですからあきれるとともに、その親の心にいたく感じ入ったものです。

深沢七郎が書いた『楢山節考』では、口減らしのために母親を山へ捨てに行く親孝行な息子と母親が描かれます。貧しかった日本の社会の一面です。息子の後妻も決まり、安心した母親は息子の背中に負われながら、息子が帰り道に迷わないように、木の枝を折り、さりげなく道標を残します。孝行息子が「はりさけんばかりの心」で母を捨てに行くという「残酷な行動」と、それに背馳《はいち》した「肉親間の美しい愛情」。自ら歯を折り、自分の死後、家族が困らないようにすべての知識を伝授する母。そして、その行動を無言で感じる息子が隠れて泣くのを、また母も無言で知るような、「あらゆることが相互に理解されている」関係性があります。親子の問題はこのように一面残酷で、また美しいものです。

子どもに寄り添って半世紀。子どもを支えようとすれば自ずとその親や家庭に触れずにはいられませんでした。なかには自分が傷ついた分だけ子どもも傷つけばよいという親もいますから、まるで楢山まいりの途中の谷から突き落とされるようなひどい体験もありました。それと同時に、絶望の淵から回復した子どもや孫を迎え、無言で見つめ合う親子の姿に言い知れぬ充足感を覚えたことも少なくありません。こうした半世紀に及ぶ親子への関与からこの本は生まれました。息子の道標に木の枝を落とした母のように、この本が読者の皆さんの道標となれば幸甚です。

小学館の木村順治さんとフリーライターの重村直美さんには、今回もお世話になりました。心からお礼を申し上げます。最後に、重篤な子どもの養育に24時間捧げてくれている家族の労苦と支えなしにこの本は誕生しませんでした。心から感謝します。

２０２２年７月27日

土井高德

土井高徳［どい・たかのり］

1954年、福岡県北九州市生まれ。一般社団法人おかえり基金理事長。学術博士。福岡県青少年課講師、産業医科大学治験審査委員。心に傷を抱えた子どもを養育する「土井ホーム」を運営。実家庭や児童福祉施設で「養育困難」と判断された子どもたちとともに暮らし、国内では唯一の「治療的里親」として処遇困難な子どものケアに取り組んでいる。その活動はNHK「九州沖縄インサイド」、「福祉ネットワーク」、「クローズアップ現代」で特集されたほか、テレビ東京、読売新聞、西日本新聞などで紹介されるなど全国的に注目を集めている。ソロプチミスト日本財団から社会ボランティア賞、福岡キワニスクラブから第24回キワニス社会公益賞、北九州市表彰（社会福祉功労）を受賞。著書に『思春期の子に、本当に手を焼いたときの処方箋33』（小学館新書）など。

構成：重村直美
編集：木村順治

怒鳴り親
止まらない怒りの原因としずめ方

二〇二二年 十月四日 初版第一刷発行

著者 土井高徳
発行人 下山明子
発行所 株式会社小学館
〒一〇一-八〇〇一 東京都千代田区一ツ橋二ノ三ノ一
電話 編集：〇三-三二三〇-五六五一
販売：〇三-五二八一-三五五五
印刷・製本 中央精版印刷株式会社

Printed in Japan ISBN978-4-09-825435-4